DRC

国务院发展研究中心 研究丛书 2015
Development Research Center of the State Council

丛书主编 ▪ 李 伟

扎根城市之路

农业转移人口就近市民化的路径与政策研究

金三林 著

THE POLICY RESEARCH ON THE PATH OF THE

CITIZENIZATION
OF PEASANT-WORKERS

中国发展出版社
CHINA DEVELOPMENT PRESS

图书在版编目（CIP）数据

扎根城市之路：农业转移人口就近市民化的路径与政策
研究/金三林著 . —北京：中国发展出版社，2015.8
（国务院发展研究中心研究丛书 . 2015 / 李伟主编）
ISBN 978 - 7 - 5177 - 0371 - 6

Ⅰ.①扎⋯　Ⅱ.①金⋯　Ⅲ.①农业人口—城市化—研究—
中国　Ⅳ.①C924.24　②F299.21

中国版本图书馆 CIP 数据核字（2015）第 169222 号

书　　　名：扎根城市之路：农业转移人口就近市民化的路径与政策研究
著作责任者：金三林
出 版 发 行：中国发展出版社
　　　　　　（北京市西城区百万庄大街 16 号 8 层　100037）
标 准 书 号：ISBN 978 - 7 - 5177 - 0371 - 6
经 　销 　者：各地新华书店
印 　刷 　者：北京科信印刷有限公司
开　　　本：710mm×1000mm　1/16
印　　　张：13.5
字　　　数：126 千字
版　　　次：2015 年 8 月第 1 版
印　　　次：2015 年 8 月第 1 次印刷
定　　　价：35.00 元

联 系 电 话：（010）68990642　68990692
购 书 热 线：（010）68990682　68990686
网 络 订 购：http：//zgfzcbs. tmall. com//
网 购 电 话：（010）68990639　88333349
本 社 网 址：http：//www. develpress. com. cn
电 子 邮 件：forkids@ sina. cn

"农业转移人口就近市民化的路径与政策研究"
课题组

课题负责人

金三林　国务院发展研究中心农村经济研究部研究室主任

课题组成员

张江雪　北京师范大学经济与资源管理研究院副教授

陈志光　天津社会科学院社会学研究所助理研究员

朱贤强　国务院发展研究中心信息中心助理研究员

推进高端智库建设　引领中国经济新常态

国务院发展研究中心主任、研究员　李伟

去年，中央提出我国经济发展进入"新常态"的重要判断。认识新常态，适应新常态，引领新常态，成为当前和今后一个时期我国经济发展的大逻辑。

一年来，面对错综复杂的国际国内环境，在经济下行压力加大、经济发展结构性矛盾凸显的形势下，党中央、国务院带领全国各族人民和干部群众，全面贯彻党的十八大和十八届三中、四中全会以及中央经济工作会议精神，坚持稳中求进的工作总基调，加强和创新宏观调控，深入推进改革开放，力求实现稳增长、促改革、调结构、惠民生、防风险的综合平衡。同时，重点推进"一带一路"、京津冀协同发展、长江经济带重大发展战略，大力推进"中国制造2025"的工业强国战略和"互联网＋"行动计划，鼓励和促进"大众创业、万众创新"。这些战略部署和政策措施取得了积极成效，在一定程度上对冲了经济下行压力。从今年上半年各项经济指标看，经济增长与预期目标相符，结构调整继续推进，农业形势持续向好，发展活力有所增强。同时，经济下行压力依然较大，一些企业经营困难，经济增长新动力不足和旧动力减弱的结构性矛盾依然突出，需要我们继续保持战略定力，持之以恒地推动经济结构战略性调整；

同时加强危机应对和风险管控，及时发现和果断处理可能发生的各类矛盾和风险。

一年多来，国务院发展研究中心对我国经济进入新常态问题进行了深入研究。我们认为，新常态是我国经济运行度过增速换挡期、转入中高速增长后的一种阶段性特征。我国经济发展进入新常态，符合后发追赶型国家经济发展的一般规律，是后发优势的内涵与强度、技术进步模式发生变化后的必然结果，其实质是追赶进程迈向更高水平的新阶段。

新常态下的经济发展，增长速度已经不是核心问题，关键是要提质增效。只有做好认识新常态、适应新常态、引领新常态的大文章，才能实现我国经济向形态更高级、分工更复杂、结构更合理的阶段转换。而实现这一阶段转换的重要标志，一是经济体制改革的阶段性任务基本完成，二是结构调整及发展方式转变取得实质性进展，三是新的经济增长动力基本形成。如果不能完成这样的转换，我们的"两个一百年"目标将很难实现，也难以跨越类似一些拉美国家曾经遭遇的"中等收入陷阱"。

新常态下，风险、挑战与机遇并存。一方面，我们要看到，过去30多年中国经济在快速增长的同时，也积累了不少风险。在经济快速增长时期这些风险往往被掩盖，一旦速度降低后可能会逐渐暴露出来。制造业严重的产能过剩问题，面临资产重组和结构调整，不可避免地会引发产业更替、企业劣汰、员工转岗。在地方政府性债务、影子银行、房地产、企业互联互保等方面都潜伏着不少风险，"高杠杆、泡沫化"，最终都会向财政金融领域聚积。同时，当经济达到中等收入水平之后，不仅经济问题会更加复杂，政治、社会问题也会更加突出。人们的温饱问题基本解决之后，就会对公平、正义提出更高的要求，相应的政治诉求也会不断提升，过去长期存在的贫富差距问题、腐败问题、环境问题、食品安全问题、社会信用缺失问题等，都有可能成为引发社会动荡的诱因。一旦社会稳定不能得到有效维持，追赶进程就会被迫放缓甚至中断。

在看到风险与挑战的同时，我们更应重视新常态下蕴藏着的新机遇。经济发展进入新常态，没有改变我国发展仍处于可以大有作为的重要战略机遇期的判断，改变的是重要战略机遇期的内涵和条件；没有改变我国经济发展总体向好的基本面，改变的是经济发展方式和经济结构。经济结构调整难免阵痛，但调整成功了就会提升资产质量，提升产业结构，并创造新的工作岗位和更大的价值。虽然一些传统产业需求饱和了，面临转产调整，但一些新兴技术、新的业态和新的需求正在涌现，供给创造需求的空间十分巨大。虽然国际市场对我国传统出口商品的需求增长放缓了，但我们利用装备能力、产业配套能力和资本输出等优势，在新一轮国际分工中，迎来向产业链中高端迈进的历史机遇。保护环境、治理污染表面看会增加成本，但提供需求快速增长的生态产品，走低碳、绿色发展道路，环保技术、新能源等领域则会带来新的增长动力。

总之，中国经济发展所处的新常态，既是由过去时发展而来的现在时，更是蕴含着巨大变革和创新活力，迈向历史发展新阶段的未来时。在这个演化过程中，认识新常态很重要，适应新常态也很重要，但更重要的是引领新常态，推动中国经济发展迈上新台阶。作为直接为党中央、国务院重大决策提供研究咨询服务的智库机构，国务院发展研究中心应该、也有信心能够对此发挥重要而独特的作用。

当前，国务院发展研究中心自身的建设与发展正在迎来一个新的历史机遇期。继 2013 年 4 月和 2014 年 1 月习近平总书记两次对国务院发展研究中心有关智库建设工作的报告作出重要批示之后，今年 1 月中办、国办公布的《关于加强中国特色新型智库建设的意见》将中心列为第一批国家高端智库建设试点单位，同时又列为负责联系协调智库的党政所属政策研究机构。我们深感使命光荣、责任重大、前景广阔。

在这样的背景下，"国务院发展研究中心研究丛书"连续第六年与读者见面了。今年的中心研究丛书包括 19 部著作，集中反映了过去一年多中心的优秀研究成果。其中，《信息化促进中国经济转型升级》全面、深入地研究了新一代信息技术正在对产业结构产生的深刻影响，分析了信息化推动中国经济转型升级的有利条件与挑战，并提出了实施信息化推动经济转型升级的"2 +2"战略及政策建议，有助于人们理解和落实 2015 年政府工作报告提出的"互联网 +"和"中国制造 2025"战略；《国家（政府）资产负债表问题研究》《支撑未来中国经济增长的新战略性区域研究》等 10 部著作，是国务院发展研究中心各研究部（所）的重点研究课题报告；还有 8 部著作是优秀招标研究课题报告。

不久前，国务院发展研究中心刚刚度过了 35 岁生日，正从"而立"走向"不惑"。根据我们已经上报中央的国家高端智库建设试点方案，中心将实施"政策研究与决策支持创新工程"，推进研究提质、人才创优、国际拓展、保障升级四大计划。我们真诚地欢迎读者朋友们对这套丛书不吝批评、指正，提出宝贵的意见和建议；并热切地期待在今后的工作中继续得到社会各界的关心、支持与帮助，使我们在建设国际一流的中国特色新型智库、服务于改革开放和经济社会发展、推动国家治理现代化的道路上不断进步，为国家、为社会作出更大的贡献。

2015 年 8 月 1 日

目录
Contents

内容摘要

Abstract

  推进农业转移人口市民化，是中国特色新型城镇化道路的首要任务。近年来，我国农业劳动力省内转移就业的趋势日益明显，以省内就近市民化为重点，有序推进人口城镇化的条件日益成熟。

  根据国家统计局全国农民工监测调查数据，全国农民工省内（包括本乡镇内和乡外省内）转移就业的比重从 2008 年的 66.8% 增加到 2013 年的 71.2%，年均增加约 1 个百分点。其中，东部地区农民工省内就业比重一直在 90% 以上；中部地区省内就业比重从 2008 年的 47.9% 上升到 2013 年的 53% 左右，年均上升约 1 个百分点；西部地区从 50.3% 上升到 60% 左右，年均上升约 2 个百分点。

  根据对国家卫生和计划生育委员会 2014 年开展的 6 省流动人口流出地监测调查数据的分析，县内跨乡、市内跨县、省内跨市、跨省 4 种流向农业转移人口，在收入水平、文化程度、年龄、就业单位性质、参加社会保障等方面，呈现出一定的差异性。收入是影响农业转移人口流向的主要因素，年龄、受教育水平、外出时间、流出地自身的经济发展水平等因素也对农业转移人口的流向有较大影响。总体来看，收入水平越高，年龄越小，受教育程度越高，外出时间越长，流出地自身经济发展水平越低，农业转移人口的流动距离就越大。近年来，随着产业的发展，中西部地区农民工收入水平增长加快，再加上用工环境的改善，公共服务水平的提升，存量出省农业转移人口回省内就业创业的趋势日益明显，农村新增转移劳动力选择省内就业的数量也稳中有升。

根据对流动人口动态监测调查数据的分析，跨省流动的农业转移人口中，约50%愿意在户籍省内长期居住和保留户籍，还有60%以上的跨省农业转移人口打算回户籍省内购房建房和养老。省内跨市和市内跨县的农业转移人口中，各有一半左右愿意回到户籍地长期居住，约有40%愿意回到户籍地县城或乡村购建房，约50%愿意回到户籍地县城或乡村养老。这表明，不仅大多数（全部农民工的60%～70%）农业转移人口愿意在省内长期居住、养老和购建房，而且县域也是农业转移人口未来定居的重要场所。因此，在推进省内就近市民化的同时，也要重视推进县内就地市民化。

从实地调研情况来看，农业转移人口省内就近市民化还面临一些突出的矛盾和问题。中西部部分地区，特别是小城市和城镇的城镇化持续健康发展内生动力不足；户籍制度改革进展不平衡、不协调；基本公共服务既没有与原有制度断根，又在城镇化进程中产生一些新的问题；农业转移人口市民化成本较高，地方政府财力难以支撑；城镇化融资的可持续性面临严峻挑战。

为适应农业转移人口省内就业比重持续上升的客观趋势，以及大多数农业转移人口选择省内长期居住和养老的意愿，"十三五"及更长一个时期，应把就近转移就业和省内市民化提到更加重要的位置，作为今后我国就业促进政策和推进城镇化的战略重点。2020年前，使省内就业的农业转移人口比重每年提高1~2个百分点，在政策层面基本能实现省内自由落户。

要实现上述目标，应从三个基本路径来推进：一是迎接数千万出省农业转移人口返乡潮，鼓励其返乡就业创业和城镇落户定居，使存量农民工中的80%左右在省内实现市民化；二是引导新增农业转移人口就近就地转移就业，在省内就近市民化，使新增农业转移人口的大多数（60%以上）在省内转移就业，在省内实现市民化；三是把新型农村社区作为新的城镇单元，引导乡内农业转移人口就地市民化。

在政策层面，建议国家加大对中西部地区的支持力度，构建层级式城市体系，引导农业转移人口分层梯度转移就业和市民化；以产城融合为重点，提升中西部地区城镇化发展的内生动力。中西部地区要加快推进户籍制度改革，完善相关配套政策，逐步实现社会福利、公共服务与户籍脱钩；以子女教育、社会保障、社会救助、住房保障等为重点，有序推进省内公共服务均等化；加强新型农村社区建设，引导农业转移人口就地市民化。各级政府要健全农业转移人口市民化成本分担机制，建立"钱随人走"的挂钩机制；构建多元化的城镇化投融资机制，增强城镇化发展的投资可持续性；健全包括农业转移人口在内的流动人口信息管理体系，能实时掌握"人从哪里来，人到哪里去"，夯实人口管理和公共服务均等化的基础。

第一章

导　言

一、研究背景及意义

推进农业转移人口市民化，是走中国特色新型城镇化道路的首要任务。农业转移人口市民化的过程，实质上是公共服务和社会权利均等化的过程，它包括以下四个基本阶段。

（1）转移就业，由农民变成工人或其他非农就业人员，实现职业身份的转换。

（2）均享服务，农业转移人口自身及其家庭逐步进入流入地城镇公共服务体系。

（3）取得户籍资格，获取完整的市民权利，实现社会身份的转换。

（4）心理和文化完全融入城镇，成为真正的市民。

四个阶段可以有跨越。从总体上来看，我国农业转移人口市民化已进入第二阶段，即均享公共服务的阶段，并在加快进入第三阶段。

从国情出发，新阶段我国推进农业转移人口市民化，应以省内就近市民化①为重点，区分不同城市、不同群体、不同公共服务项目，有序推进。

第一，省内就近市民化具有坚实的基础。随着区域经济布局的调整，我国农业转移人口就业布局也出现了新的变化，表现为农业转移人口省内转移就业的数量持续增加。从全国来看，省内转移就业的比重也从 2008 年的 66.8% 增加到 2012 年的 71.4%，年均提高 1.2 个百分点。其中，本地（乡镇）就业的比重基本稳定，而出乡镇但在省内就业的比重逐年提高，已超过出省的比重。从发展趋势看，省内转移就业的比重还在持续增加，就地市民化趋势明显。到 2020 年，有可能实现存量农业转移人口中的 80% 在省内实现市民化，新增农业转移人口的 60% 以上在省内实现市民化。

第二，省内就近市民化已上升为国家战略。2014 年中央城镇化工作会议提出要推进以人为核心的城镇化，提高城镇人口素质和居民生活质量，把促进有能力在城镇稳定就业和生活的常住人口有序实现市民化作为首要任务。2014 年中央农村工作会议首次提出"三个 1 亿人"战略思路，并鼓励各地从实际出发制定相关政策，解决好辖区内农业转移人口在本地城镇的落户问题。2014

---

① 关于就近市民化和就地市民化，不同观点的范围不一致。本报告定义，农业转移人口在户籍地省内市民化为就近市民化，在户籍地县域内市民化为就地市民化。即，就近市民化包含了就地市民化。

年的政府工作报告进一步提出，今后一个时期，要着重解决好现有"三个 1 亿人"问题，促进约 1 亿农业转移人口落户城镇，改造约 1 亿人居住的城镇棚户区和"城中村"，引导约 1 亿人在中西部地区就近城镇化。特别提出要加大对中西部地区新型城镇化的支持，提高产业发展和集聚人口能力，促进农业转移人口就近从业。2015 年中央经济工作会议、中央农村工作会议和政府工作报告再次强调，要坚持以人为核心，以解决"三个 1 亿人"问题为着力点，发挥好城镇化对现代化的支撑作用。

第三，一些地方的探索表明，就近市民化更能在政策改革方面取得突破。推进农业转移人口市民化，最主要的是要解决成本分担机制问题。在现行体制下，流动距离越大，成本分担问题越突出，农业转移人口可享有的公共服务水平越少；以致出现外省农业转移人口与本省农业转移人口在市民权利方面的差距日趋扩大，跨省农业转移人口已成为城市的最边缘群体。同时，江苏、安徽、成都等地在不同程度地推进城乡户籍一体化、放宽本地农民工落户条件、推进城乡居民养老保险和医疗保险一体化、放开省内跨市中考和高考等，在市域内或省域内探索"钱随人走""人地挂钩"等政策，都取得了较好的进展。

从理论上来看，关于农业转移人口市民化的研究也是一个不断深化的过程，很有继续深化研究的必要。

二、文献综述

农民变市民是城镇化发展过程中的必然现象，国外关于这方面的研究非常多。一些国际机构，如世界银行、亚洲开发银行等，都对中国农民工社会融合、市民化问题做过研究。从国内来看，最近几年，农民工市民化问题引起了学术界的广泛关注，国务院发展研究中心、国务院研究室、国务院农民工办、人力资源和社会保障部等有关部门，以及北京大学、中国人民大学、武汉大学等高等院校都开始了相关研究，不少学者也从多个角度独立开展研究。

一是关于农业转移人口市民化内涵的研究。对农业转移人口市民化的界定多以人口迁移、职业转换和人力资本提升等为切入点，可概括为两方面：内在素质的市民化（如有关市民生活意识、权利意识的发育以及生活行为方式的变化）和外在资格的市民化（如职业和身份的非农化，包括户口及其附带的福利保障）（许峰，2004）。韩俊、何宇鹏、金三林（2011）认为农民工市民化的过程，实质是公共服务均等化的过程，并将农民工市民化的内涵界定为：以农民工整体融入城市公共服务体系为核心，推动农民工个人融入企业，子女融入学校，家庭融入社区，也就是农民工在城市"有活干，有学上，有房住，有保障"。刘传江（2006）认为，农民工市民化包括四个层面的含义：①职业由次属的、非正规劳动力市场上的农民工转变成首属的、正规的劳动力市场上的非农产业工人；②社会身份由农民转变成市民；③农民工自身素质的进一步提高和市民化；④农民工意识形态、生活方式和行为方式的城市化。还有很多其他学者从城市适应的角度来解释农民工市民化。

二是对农业转移人口市民化的现状及其群体差异性进行研究。韩俊主持的课题组对全国 20 多个城镇 6232 名农民工的问卷调查和对重庆等 6 个城市的实地考察后发现，农民工市民化已有一定的基础。首先，农民工就业的稳定性得到显著提升，流动的"家庭化"趋势明显。根据国家统计局有关数据推算，2009 年，农村劳动力转移率已达到 45.8%，举家外出的农民工已占外出农民工的20.4%。其次，新生代农民工成为主体，融入城市的意愿强烈（国务院发展研究中心课题组，2011）。梅建明、熊珊（2013）通过对全国 23 个省、4 个直辖市和 5 个自治区的 3318 名农民工的实地调查，发现我国农民工市民化总体上取得了较大进展，但生活质量、基本公共服务、社会融入和心理归属四个维度发展不均衡，尤其是基本公共服务和社会融入发展滞后。周密、张广胜、黄利（2012）运用调研数据，采用需求可识别的 Biprobit 模型，测度出了案例地区新生代农民工市民化程度。另外，农业转移人口的市民化还表现出一定的代际特征差异，刘传江、徐建玲（2007）指出，改革开放以后出生的年轻农民较之计划经济时代成长起来的年长农民，不仅在社会经济特征和个人特征方面与第一代农民有诸多显著不同，而且是最具市民化意愿和亟须市民化的群体。王艳华（2007）指出，新生代农民在角色认同、闲暇时间、消费方式等方面有着极强的城市性。

三是对农业转移人口市民化影响因素的研究，现有文献主要从户籍等制度性因素、社会性因素和个人因素等方面进行分析。李强（2002）指出，农民工在城市实现向上社会流动的各种通道都受到了户籍制度的阻碍；盛昕（2013）指出，制度排斥是农民工权益受损的一个根本原因。城市居民一直享有远高于农村居民的生活水平和福利待遇，并因而形成一种高高在上的优越感，对农业转移人口普遍持轻视和排斥心理，成为阻碍转移农民融入城市社会的又一重要原因（钱正武，2006）。另外，农业转移人口的文化素质不高、职业技能导致缺乏市民化的自我发展能力（高华，2007）；与城市文化、价值观念、行为规范等方面的隔离（叶鹏飞，2012），导致缺乏对城市生活的认同感与归属感（史溪源，2011），都会影响农业转移人口的市民化程度。

四是农业转移人口市民化的途径研究。针对目前我国农业转移人口市民化存在的问题，国内学者们提出了大量探索性的对策建议，主要有三种路径来推动我国农业转移人口的市民化进程。第一种是通过制度化改革推进农民工市民化。其重点是围绕转移农民的农村退出、城市进入和城市融合三个环节进行制度改革和创新（王桂芳，2008；张国胜、陈瑛，2013）。在农村退出环节，需要解决的核心问题是耕地流转制度创新和农地征用制度创新

（唐健，2010；傅晨、任辉，2014）。在城市进入环节，需要解决的核心问题是户籍制度改革和城乡一体化的就业制度改革等（韩俊等，2010）。在城市融合环节，需要解决的核心问题是转移农民的居住、社会保障以及公共服务均等化等方面的改革（陈丰，2007）。第二种是通过能力建设加快农民工市民化，包括转移农民的现代素质培养与积累（王正中，2006）、人力资本投资与积累（单菁菁，2010；林娣，2014）、社会资本投资与积累（李艳、孔德永，2008）等，目标是全面提升转移农民的就业竞争能力和城市适应能力。第三种是通过完善组织管理保障农民工市民化，重点是以社区为主体、以服务为导向建立城市外来人口管理新模式，将进城农民视为城市的有机组成部分，并按照常住地原则将他们纳入当地社区的管理和服务，给予他们平等的市民待遇，更好地保障他们的合法权益。同时，鼓励、引导进城农民积极参与社区建设和管理，通过参与式管理和自治化管理，将他们纳入到社区的民主生活中，提高他们的主人翁意识，增强对城市的认同感和归属感，以推动转移农民更快、更好、更顺利地融入城市（卢海元，2004）。

这些研究成果都认为农民工市民化是加快我国城乡统筹发展的重要途径，是中国特色城镇化道路的重要动力，都认为就业、户籍、住房、人口管理等制度的城乡二元分割是制约农民工市民化健康发展的根本原因，有一些研究还分析了不同农民工群体的住房意愿，测算了农民工市民化的成本，或是从社会保障、就业等某个方面提出了政策建议。

已有的这些研究成果，为本课题的开展提供了较好的文献积累。但现有的研究对于农民工省内转移就业趋势、农民工就近市民化状况、就近市民化的路径分析还不多，也缺乏对本地农民工进城定居后新情况、新问题的研究，如宅基地、承包地退出问题，集体资产处置问题等。同时，缺乏大规模的实地调查，还不能有效把握不同地区、不同流向、不同群体农民工的市民化政策需求。本课题充分利用国家卫生计生委流动人口司近几年开展的流动人口调查数据，以及2014年开展的6省流出地调查大样本数据，把流入地调查数据和流出地调查数据相结合，深入分析中西部流出地农村人口流动的最新趋势，不同流向农业转移人口的群体特征及市民化意愿，提出促进农业转移人口就近市民化的政策建议，进一步丰富了这一领域的研究成果。

三、研究数据与方法

关于农业转移人口市民化方面的研究成果已有很多，但关于本地农业转移人口市民化状况、农业转移人口省内转移就业趋势、就近市民化的研究成果还不多。同时，缺乏大规模的实地调查，一些研究做过调查，但范围和样本都较小，还不能有效把握不同地区、不同流向、不同群体农业转移人口的市民化政策需求。本研究充分利用国家统计局、国家卫计委和其他部门组织的调查数据（详见表1.1），深入分析流出地农村人口流动的最新趋势，掌握不同流向群体的市民化意愿和具体政策诉求。

表1.1   课题研究主要数据来源

年　份	调查单位	调查数据
2014	国家卫生和计划生育委员会	流动人口流出地监测调查
2013	国家卫生和计划生育委员会	流动人口动态监测调查
2009~2013	国家统计局	全国农民工监测调查

（一）研究数据

1. 2014年流动人口流出地监测调查数据

为了解流出地人口变动及返乡流动人口参保就医、公共卫生服务利用、计划生育服务管理等情况，国家卫生和计划生育委员会2014年在安徽、四川、河南、湖南、江西、贵州6个流出人口大省选取样本点进行流出地监测调查。调查对象为6个流出人口大省抽中村或村民小组的所有户籍家庭户、户内符合条件的返乡流动人口及所在村委会负责人。调查方式采取家庭问卷、个人问卷和村委会问卷结合的方式进行面对面的问卷调查。本研究从家庭问卷中筛选外出乡镇半年以上的农业户籍人口35678人作为研究样本。

2. 2013年流动人口动态监测调查数据

为了解流动人口社会融合状况，国家卫生和计划生育委员会2013年在上海市松江区、苏州市、无锡市、武汉市、长沙市、西安市、泉州市、咸阳市开展数据调查。调查问卷包括了农业转移人口长期居住意愿、迁移户口意愿、购房建房意愿、养老意愿等，为分析农业转移人口的市民化趋势提供了可靠的数据基础。调查对象为"在本地居住 1 个月及以上，非本区（县、市）户口的流动人口"，样本量共计为 16878 人。本研究筛选出农业户籍人口 14920 人作为市民化意愿分析的研究样本。

3. 2009～2013 年全国农民工监测调查

为准确反映全国农民工规模、流向、分布、就业、收支、生活和社会保障等情况，国家统计局 2008 年建立农民工监测调查制度，在农民工输出地开展监测调查。调查对象为"户籍仍在农村，在本地从事非农产业或外出从业 6 个月及以上的劳动者"。调查范围是全国 31 个省（自治区、直辖市）的农村地域，在 1527 个调查县（区）抽选了 8930 个村和 23.5 万名农村劳动力作为调查样本。本研究利用的是其公开数据。

这三个数据都为国家权威部门调查和统计，数据样本量大、调查范围广，具有普遍性和代表性。而且，三个数据各有其调查方法和侧重点，能够较好地衔接起来，互相补充和相互解释，共同反映全国农业转移人口的现状、趋势与特征。本报告在全国层面上分析时，采用国家统计局的数据；在分析流向、发展意愿时，采用流动人口调查数据。

（二）研究方法

本课题综合采用了以下研究方法。

一是在文献研究的基础上，采用社会学、人口学、经济学等相关理论，分析影响农业转移人口市民化意愿、地域、路径的主要因素，为整个课题研究提供理论框架。

二是充分利用第一手调查数据，包括国家卫生计生委组织的6省流出地调查大样本数据、近几年的流入地全国流动人口调查数据、国家统计局开展的全国农民工监测调查数据，使研究结论更科学。

三是选择了若干典型城市和城镇开展实地调研，课题组先后赴湖北、湖南、陕西、安徽等省，选择代表性的大、中、小城市和小城镇开展实地调研，召开了省、市县、乡镇三级座谈会，深入村、户，与农业转移人口及其家属直接交流，了解各方面的诉求和意见，使研究成果和政策建议更深入和具体。同时，还与国家发展和改革委员会规划司合作，在湖北和湖南两省选择若干不同层级城市，对市民化成本进行了调研和分析。

四是积极借鉴国内外相关研究成果，尤其是国际上好的经验，丰富研究内容。

四、研究重点和主要创新点

（一）研究重点

本课题的研究重点有四个方面。

一是深入研究农业转移人口流向的最新趋势，分析不同流向农业转移人口收入及公共服务水平差异，以及这些因素对农业转移人口流向选择的影响。

二是在分析调查数据的基础上，科学研究跨省、省内跨市、市内跨县、县内跨乡镇等不同流向群体的市民化意愿，以及影响农业转移人口发展意愿的主要因素。

三是在实地调研的基础上，分析农业转移人口就近市民化存在的突出问题，包括政策层面的问题，地方政府分担成本方面的问题。

四是在数据分析和实地调研的基础上，提出农业人口就近市民化的具体路径和政策建议，为国家进一步完善相关政策提供科学依据。

（二）主要创新点

本课题的创新点主要体现在以下三个方面。

一是利用大样本第一手调查数据开展研究。课题充分利用全国农民工监测调查数据、全国流动人口监测调查数据；全面参与国家卫生计生委流动人口司开展的6省流出地调查，尽量把需要的信息纳入调查问卷，最终获得有效样本36000余份，有效地支撑了课题研究。课题组还赴湖北、湖南、陕西、安徽等省，选择代表性的大、中、小城市和小城镇开展实地调研，同时还与国家发展和改革委员会规划司合作，在湖北和湖南两省选择若干不同层级城市，对市民化成本进行了分析。通过流入地调查数据和流出地调查数据相结合，问卷调查和实地调研相结合，提高了课题研究的科学性。

二是深入分析了不同流向农业转移人口的群体特征及市民化意愿。课题将农业转移人口划分为县内跨乡、市内跨县、省内跨市、跨省等不同流向，深入分析了不同流向农业转移人口的群体特征、市民化意愿，以及影响发展意愿的主要因素。调查研究发现，跨省流动的农业转移人口中，约50%愿意在户籍省内长期居住和保留户籍，还有60%以上打算回户籍省内购房建房和养老。省内跨市和市内跨县的农业转移人口中，各有一半左右愿意回到户籍地长期居住，约有40%愿意回到户籍地县城或乡村购建房，约50%愿意回到户籍地县城或乡村养老。这些结论对于科学把握我国农业转移人口未来流向、城镇化布局都有较强的支撑作用。

三是分析了不同层级城市（城镇）的市民化成本。在湖北和湖南两省，课题组选择省会城市、地级市、县级市和小城镇各一个，测算了各级城市的市民化成本情况。总体来看，省会城市的市民化成本在15万元/人左右（2014年价格，下同），地级市在6万~10万元/人，县级市和小城镇在3万~6万元/人。层级越低的城市，市民化成本越低。但由于层级越低的城市，财政收入、经济发展水平也越低，其实际成本压力反而越大。这些研究结论对于进一步健全农业转移人口市民化成本分担机制也有一定的决策参考价值。

第二章

农业转移人口就业及流动基本状况

　　本部分采用 2014 年流动人口流出地监测调查数据来分析，有效样本为 35678 份。本次调查所收集的家庭人口信息包括受访者本人、配偶和子女，以及与被访者在本地共同居住的家庭其他成员的基本信息。其中，配偶和子女无论是否在本地或流入地都须汇报其状况，其他家庭成员是指与被访者有姻缘、血缘关系或经济未独立的成员。这种家庭成员的考察方式在关注核心家庭这一当代中国最基本的家庭结构的同时，也将家庭内的其他成员纳入到调查范围之中。这种较广意义上的家庭成员定义方式可以更加有效地了解农业转移人口的基本家庭结构，发掘农业转移人口群体家庭结构的特殊性。

一、农业转移人口基本信息

（一）平均受教育年限为 8.99 年

　　调查表明，农业转移人口的受教育水平多数集中在小学

（24.01%）和初中（51.12%）阶段，且未受过教育的农业转移人口还占到总人口的6.58%，这要略低于2010年人口普查得出的农村人口7.2%的文盲率。

考虑到年龄因素，对年龄进行控制，排除15岁以下正在接受教育的人口，未上学人口的比率降为2.48%。修正以后的农业转移人口受教育水平依然集中在小学（22.1%）和初中阶段（55.24%），其中初中阶段文化水平超过一半（见图2.1）。将定类的受教育变量进行定距转换得到受教育水平的连续变量，并控制15岁及其以上人口，计算得出农业转移人口的平均受教育年限为8.99年。

（人）

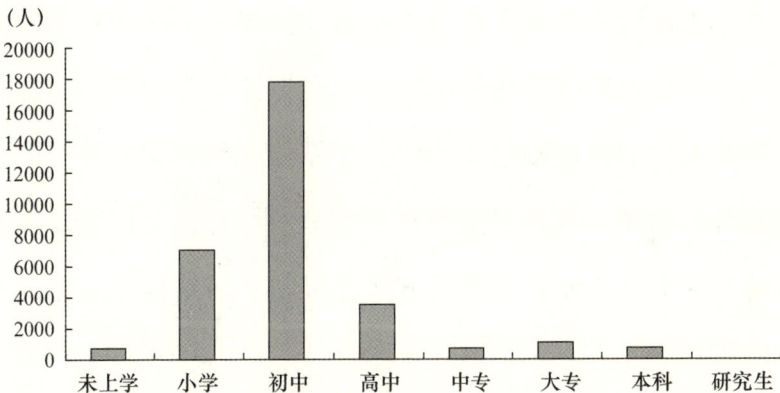

图2.1 农业转移人口受教育水平样本分布人数（修正后）

（二）劳动参与率较高

排除学生、离退休人口、学龄前儿童等非劳动适龄人口后，农业转移人口就业状况如图2.2所示。

从图2.2可以看出，农业转移人口的劳动参与率较高。除1%

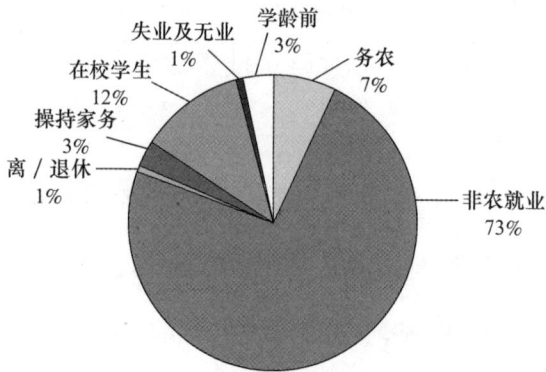

图 2.2　农业转移人口就业状况

的失业及无业人口外，绝大部分劳动适龄农业转移人口都进行了
劳动参与，农业转移人口的非农就业率达到了 73%。

对不同性别农业转移人口的劳动参与类型做进一步的分析发
现，女性劳动者的务农和家务劳动所占比例要远高于男性，尤其
是家务劳动女性的参与率高达 6.74%，而男性仅为 0.19%，这表
明农业转移人口的劳动参与结构依旧遵循传统的"男主外、女主
内"家庭分工模式，女性更多地顾及家庭。另外，女性劳动者的
非农劳动参与率也比较高，体现出女性劳动参与结构多元化的特
点。见表 2.1。

表 2.1　　　　　　　　不同性别劳动参与情况

性　　别	务农	非农就业	家务	无业及失业	在校生	其他	合计
男（人）	1427	16282	41	144	2391	757	21042
占比（%）	6.78	77.38	0.19	0.68	11.36	3.60	
女（人）	1088	9901	986	116	1879	640	14628
占比（%）	7.44	67.69	6.74	0.79	12.97	4.38	

（三）农业转移人口平均家庭规模较高

此次调查结果显示农业转移人口的平均家庭规模为 4.28 人/户。2010 年国家统计局公布的全国人口平均家庭户规模为 3.10 人/户，根据中国家庭追踪调查（CFPS）中的数据计算得到的农村平均家庭户规模为 4.04 人/户。已有的研究（盛亦男，2014）表明，农业转移人口的家庭规模会对其流动的可能性与策略产生影响，相对较大规模家庭的人口更有可能进行流动。

（四）家庭组成以夫妻—子女结构为主

此次调查中家庭成员与被访者的亲属关系大部分为配偶（18.24%）和子女（50.52%），属于孙辈关系的占 6.6%。这反映出大部分农业转移人口的家庭是由配偶、子女为核心家庭构成的。换句话说，大部分举家外出农业转移人口的父母乃至祖辈仍在流出地。

（五）家庭收入平均水平明显高于农村家庭平均水平

根据调查数据结果，农业转移人口 2013 年家庭年平均纯收入（毛收入扣除生产经营支出）为 44236 元（包括农业收入和非农收入），按照前面调查计算的家庭人口平均规模，人均为 10336 元，比国家统计局公布的农村人均收入 8896 元高，可见农业转移人口的外出务工行为给家庭收入带来较大幅度的提升。

二、农业转移人口流向情况

（一）流动范围以出省为主

根据调查数据，农业转移人口跨省流动的比例最大，占69%，流动的距离较远、流动范围较广。然后依次是省内跨市（13%）、市内跨县（10%）、县内跨乡（8%），各均占有一定的比例，但相差不大。见图2.3。

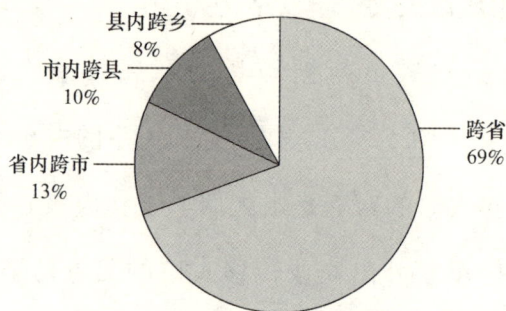

图2.3　农业转移人口流动范围分布

需要说明的是，国家卫生计生委的流动人口库，主要是出乡镇的人口，因此其调查结果更接近于国家统计局的外出农民工调查（2013年中、西部跨省农民工分别为63%和54%）。

单单了解流动的范围还过于笼统，为了更加清晰地表示农业转移人口的流动地域，我们将其省份分布绘图，见图2.4。

从图2.4可以看出，跨省流动的农业转移人口流向集中的5个省份依次是：浙江（20.44%）、广东（17.17%）、四川（9.19%）、湖南（8.49%）、江苏（7.06%）。这5省份占全部跨省农业转移

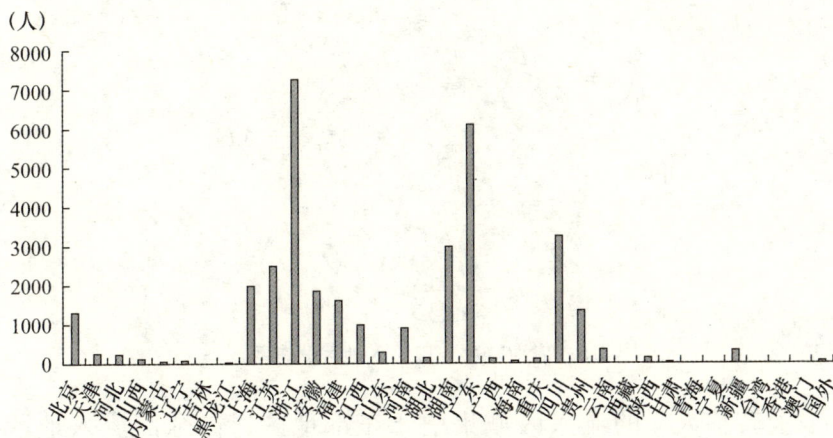

图 2.4 农业转移人口流动省份分布人数

人口分布的 62.35%。其他省份如江苏、上海、安徽、福建、北京也吸纳了一定比例的农业转移人口。此外，跨省农业转移人口主要分布在我国的东部较发达地区，这与人口迁移的推拉理论是一致的。东部地区更高的收入、更多的就业机会和更好的教育医疗水平吸引着外出务工经商人员前来。

（二）流入地以东部地区为主

流入地区是反映流动范围和流动人口分布的重要变量。将全国 31 省级地区行政单位重新编码，分为东部、中部、西部和其他地区①。重新统计以后，得到农业转移人口的流入地区分布，见图 2.5。

---

① 由全国人大六届四次会议通过的"七五"计划正式公布。东部地区包括北京、天津、河北、辽宁、上海、江苏、浙江、福建、山东、广东和海南 11 个省（市）；中部地区包括山西、内蒙古、吉林、黑龙江、安徽、江西、河南、湖北、湖南、广西 10 个省（自治区）；西部地区包括四川、贵州、云南、西藏、陕西、甘肃、青海、重庆、宁夏、新疆 10 个省市（自治区）。

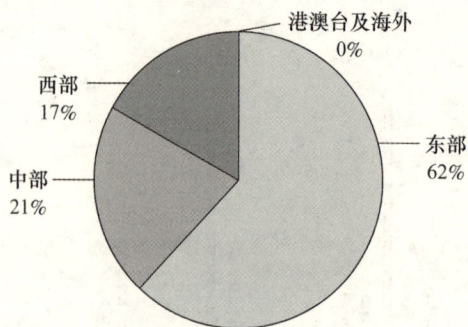

图 2.5 农业转移人口流入地区分布图

农业转移人口的流入区域集中于东部地区，占全部流入地区的 62%。中部和西部地区的流入地区相差不大。中部地区的流入省份集中于湖南（39.92%）、安徽（24.94%）和江西（13.67%）三省。西部地区的流入省份更为集中，主要分布于四川（55.26%）和贵州（23.54%）两省。这与平常观察到的农业转移人口流入地区的空间分布是相符的。上述集中流入地往往需要较多的劳动人口，能提供较多的工作机会，是传统的农业转移人口的典型流入地区。

（三）流入城市以省会城市和地级市为主

从调查结果看，地级市是农业转移人口的主要流入地，占全部流入地的 38%。省会城市和计划单列市也是重要的流入行政区域，占 31%，仅比地级市少 7%。此外，乡镇（9%）、县级市（10%）、直辖市（10%）也在流入地中占有一定的比例。见图2.6。农业转移人口的流入城市级别所反映的不仅仅是流入地区的经济发展程度，还涉及流入地区对农业转移人口相关社会福利保障水平，以及户籍制度的改革落实情况。

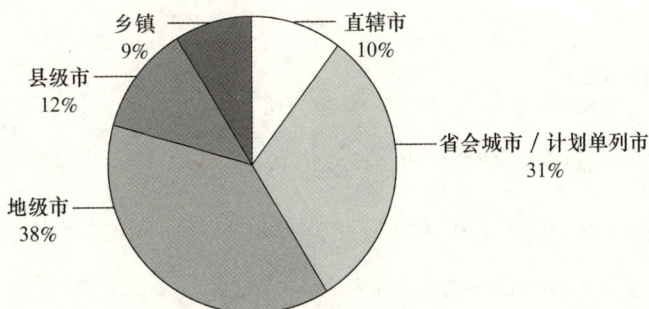

图 2.6　农业转移人口流入地级别图

（四）就业是农业转移人口流动的主要原因

从外出原因来看，绝大部分农业转移人口（80.39%）的流动原因是就业。在其他流动原因中，随迁和学习也占有一定比例，但规模较小。

表 2.2　　　　　农业转移人口流动原因

	非农就业	随迁	投亲	学习	其他	合计
频　数	28652	3077	528	2777	608	35642
比例（%）	80.39	8.6	1.5	7.79	1.8	100

综合分析农业转移人口的流出原因和流入省份，不难看出农业转移人口往往向就业机会较多、劳动力薪酬回报较高的省份流动。这也表明，经济因素在农业转移人口的流动中起到了主导作用，并推动着当代中国人口流动格局的变迁和发展。

三、小 结

通过调查分析，6 省农业转移人口跨省流动的比例最大，占 69%，流动的距离较远、流动范围较广。然后依次是省内跨市 （13%）、市内跨县（10%）、县内跨乡（8%），各均占有一定的 比例，但相差不大。流入地以东部地区为主，以省会城市和地级 市为主，就业是农业转移人口流动的主要原因。

第三章

不同流向农业转移人口的群体特征及影响因素

根据农业转移人口不同的流向和范围，可将其分为跨省流动、省内跨市、市内跨县和县内跨乡这 4 种类型。根据国家卫生和计划生育委员会流动人口司开展的 2014 年全国流出地 6 省流动人口数据调查，筛选出跨乡镇外出半年以上的农业户籍人员作为研究对象。研究发现，农业转移人口以跨省流动为主，而流向选择既与性别、年龄和受教育程度等个人因素有关，也与收入、流出地发展情况、参与社保种类等经济社会因素密切相关。

一、不同流向农业转移人口的群体特征

（一）县内跨乡农业转移人口的群体特征

1. 收入平均为 2110 元

县内跨乡农业转移人口平均月收入为 2110 元，其中 2000 元及以下占比 59.43%，2001~4000 元占 36.57%；收入在 4000 元以上的比重很低。总体来看，农业转移人口在乡内就业收入水平较低，

过半人口月收入低于平均水平。见表3.1。

表3.1　　　　　　　　　县内跨乡农业转移人口平均月收入

平均月收入（元）	样本占比（%）	平均月收入（元）	样本占比（%）
2000及以下	59.43	6001及以上	1.71
2001～4000	36.57	总　计	100
4001～6000	2.29		

2. 受教育程度以初中为主

县内跨乡农业转移人口的受教育程度以初中为主，占62.29%；小学及以下比例为25.14%；高中占比6.86%；中专占2.29%，大专为3.43%；县内跨乡农业转移人口中没有本科学历。见表3.2。

表3.2　　　　　　县内跨乡农业转移人口受教育程度情况　　　　单位:%

受教育程度	样本占比	受教育程度	样本占比
未上学	1.14	中　专	2.29
小　学	24	大　专	3.43
初　中	62.29	总　计	100
高　中	6.86		

3. 平均年龄为37岁

县内跨乡农业转移人口平均年龄为37岁，年龄为30～50岁的样本占总样本的比例为70.29%；30岁以下的占比为24%；50岁及以上的仅占5.71%。见表3.3。

4. 单位性质近一半为私营企业

县内跨乡农业转移人口在私营企业就业的最多，占49.71%，其次是个体工商户，占21.71%，剩余被调查对象的就业单位性质

表3.3　　　　　　　县内跨乡农业转移人口的年龄情况

年龄（岁）	样本占比（%）	年龄（岁）	样本占比（%）
30 以下	24.00	50 及以上	5.71
30~50	70.29	总　计	100

包括机关、事业单位，以及国有企业和集体企业。见表3.4。总的来看，私营经济和个体经济吸纳了大部分就业人口，而国有经济和集体经济只吸纳了一少部分，这反映了私营经济在解决农业转移人口就业中的重要作用。

表3.4　　　　　　县内跨乡农业转移人口单位性质　　　　　　单位:%

单位性质	样本占比	单位性质	样本占比
机关、事业单位	1.71	私营企业	49.71
国有及国有控股企业	1.71	中外合资企业	0.57
集体企业	0.57	无单位	24
个体工商户	21.71	总　计	100

5. 近一半人群未签订劳动合同

县内农业转移人口中有46.86%未签订劳动合同，这一方面说明农业转移人口缺乏劳动保障意识，另一方面说明当地缺乏足够的就业机会，对于农业转移人口来说即使没有劳动保障，也愿意参加劳动。签订合同的人中，有固定期限劳动合同的人数占总样本的17.14%，无固定期限合同占6.86%。见表3.5。

6. 社会保障以新农合为主

社保在县内跨乡的农业转移人口中基本实现了全面覆盖，享有一项社保的占75.43%，享有两项社保的占20%，享有3项以上的只有2.29%。见表3.6。可见，虽然社保已经大面积覆盖，但是对于农业转移人口的保障还不全面。

表 3.5　　　　　　　　县内跨乡农业转移人口劳动合同种类　　　　单位：%

劳动合同种类	样本占比	劳动合同种类	样本占比
有固定期限	17.14	不清楚	1.71
无固定期限	6.86	不适用	25.14
完成一次性工作任务	2.29	总　计	100
未签订劳动合同	46.86		

表 3.6　　　　　　　　　县内跨乡农业转移人口保险数量　　　　　单位：%

保险数量	样本占比	保险数量	样本占比
0	1.14	4	0.57
1	75.43	5	0.57
2	20	总　计	100
3	2.29		

从表 3.7 所示具体保险类型来看，新农合基本全面覆盖，但是养老保险、意外险、工伤险、生育保险等只覆盖极少部分。

表 3.7　　　　　　　　　县内跨乡农业转移人口保险种类　　　　　单位：%

保险种类	占比情况	
	参　加	未参加
新型农村合作医疗保险	98.29	1.71
城镇职工医疗保险	4.57	95.43
城镇居民医疗保险	0.57	99.43
工商保险	6.86	93.14
生育保险	1.14	98.86
商业医疗保险	7.43	92.57
居民养老保险	0.57	99.43
农村新农保	0.57	99.43

（二）市内跨县农业转移人口的群体特征

1. 平均月收入为 2476 元

市内跨县农业转移人口的平均月收入为 2476 元，高于县内跨乡人群的平均水平。其中，市内跨县农业转移人口月收入在 2000元及以下人数最多，占比达到 55.42%，2001~4000 元收入人数占35.14%，4001~6000 元占比 6.6%，6000 元以上占比 2.83%，收入在 4000 元以上的人口占 9.43%，高于其他三组。见表 3.8。

表 3.8　　　　　　　　市内跨县农业转移人口平均月收入

平均月收入（元）	样本占比（%）	平均月收入（元）	样本占比（%）
2000 及以下	55.42	6001 及以上	2.83
2001~4000	35.14	总　计	100
4001~6000	6.6		

2. 高中及以上文化程度的人口占比最高

市内跨县农业转移人口的文化程度以初中为主，占 60.38%；小学及以下比例不超过 20%；高中文化程度的占比 13.44%，中专占 2.12%，大专和本科占 4.24%。与其他三组相比，市内跨县农业转移人口在高中及以上文化程度的占比最高，为 19.8%。见表 3.9。

表 3.9　　　　　　市内跨县农业转移人口的受教育程度　　　　　　单位:%

受教育程度	样本占比	受教育程度	样本占比
未上学	0.94	中　专	2.12
小　学	18.87	大　专	2.59
初　中	60.38	本　科	1.65
高　中	13.44	总　计	100

3. 平均年龄为 38 岁

市内跨县农业转移人口的平均年龄为 38 岁，略高于县内跨乡人口。其中，年龄在 30 ~ 50 岁的占 59.2%；30 岁以下的为 28.77%；50 岁及以上占 12.03%，高于其他三组。见表 3.10。

表 3.10　　　　　　　市内跨县农业转移人口的年龄情况

年龄（岁）	样本占比（%）	年龄（岁）	样本占比（%）
30 以下	28.77	50 及以上	12.03
30 ~ 50	59.2	总　计	100

4. 私营企业就业人数占比最低，不足四成

从统计结果来看，市内跨县农业转移人口在私营企业就业的达到 38.92%，低于其他三组；个体工商户占比为 26.42%，无单位者占 28.3%，均高于其他组别。其余被调查对象的单位性质包括机关、事业单位，以及国有企业、合资企业等。见表 3.11。

表 3.11　　　　　　市内跨县农业转移人口单位性质　　　　　　单位:%

单位性质	样本占比	单位性质	样本占比
机关、事业单位	1.89	中外合资企业	0.24
国有及国有控股企业	2.12	其　他	0.24
集体企业	1.89	无单位	28.3
个体工商户	26.42	总　计	100
私营企业	38.92		

5. 签订劳动合同人数占比最低

市内跨县农业转移人口中有 48.82% 未签订劳动合同，有固定期限合同、无固定期限合同的人群分别占总样本的 10.85%、6.13%，签订劳动合同（包括固定期限合同、无固定期限合同）

的人数占比总体为16.98%，低于其他三组。见表3.12。

表3.12	市内跨县转移人口劳动合同种类		单位:%
劳动合同种类	样本占比	劳动合同种类	样本占比
有固定期限	10.85	不清楚	2.36
无固定期限	6.13	不适用	27.12
完成一次性工作任务	4.72	总　计	100
未签订劳动合同	48.82		

6. 享有两种及以上社会保障的占比最低

社保在市内跨县农业转移人口中基本实现了全面覆盖，未参保率仅有1.18%，其中享有两种及以上社保的比重为18.87%，低于其他组别，说明市内跨县农业转移人口享有的社保范围较窄。见表3.13。

表3.13	市内跨县农业转移人口保险数量		单位:%
保险数量	样本占比	保险数量	样本占比
0	1.18	3	3.3
1	79.95	4	0.71
2	14.86	总　计	100

从不同的社保种类来看，新农合基本覆盖，参加比例为97.41%；其他保险覆盖面较小，享有城镇居民医疗保险的仅占0.71%。见表3.14。

表3.14	市内跨县农业转移人口保险种类		单位:%
保险种类	占比情况		
	参　加	未参加	
新型农村合作医疗保险	97.41	2.59	
城镇职工医疗保险	3.07	96.93	

续表

保险种类	占比情况	
	参　加	未参加
城镇居民医疗保险	0.71	99.29
工伤保险	9.91	90.09
生育保险	3.07	96.93
商业医疗保险	6.60	93.40
其他	1.65	98.35

（三）省内跨市农业转移人口的群体特征

1. 月均收入为2364元

省内跨市农业转移人口平均月收入达到2364元，仅高于县内跨乡人群的平均水平。其中，收入在6000元以上的仅有0.9%，远低于其他三组；2000元及以下占比达到54.97%，2001~4000元占38.25%，4001~6000元占5.87%。见表3.15。

表3.15　　　　省内跨市农业转移人口平均月收入

平均月收入（元）	样本占比（%）	平均月收入（元）	样本占比（%）
2000及以下	54.97	6001及以上	0.9
2001~4000	38.25	总　计	100
4001~6000	5.87		

2. 大专及以上学历占比最高

省内跨市农业转移人口中大专及以上学历占比为7.08%，高于其他三组；小学及以下比例为27.56%；初中占比为56.02%；高中占比为6.78%；中专占比为2.56%。见表3.16。

表 3.16　　　　　省内跨市农业转移人口的受教育程度情况　　　　单位:%

受教育程度	样本占比	受教育程度	样本占比
未上学	1.51	中　专	2.56
小　学	26.05	大　专	4.07
初　中	56.02	本　科	3.01
高　中	6.78	总　计	100

3. 平均年龄 36 岁

省内跨市农业转移人口平均年龄为 36 岁，低于县内跨乡和市内跨县的人群。其中，30 岁以下的人群占 37.65%，高于其他三组。见表 3.17。

表 3.17　　　　　省内跨市农业转移人口的受教育程度情况

年龄（岁）	样本占比（%）	年龄（岁）	样本占比（%）
30 以下	37.65	50 及以上	10.09
30~50 以下	52.26	总　计	100

4. 在私营企业就业的人群占比最高

从统计结果来看，省内跨市农业转移人口在私营企业就业的比例达到 59.49%，高于其他三组；在机关、事业单位就业比例为 2.26%，也高于其他三组。见表 3.18。

表 3.18　　　　　省内跨市农业转移人口单位性质　　　　单位:%

单位性质	样本占比	单位性质	样本占比
土地承包者	0.6	港澳台企业	0.45
机关、事业单位	2.26	中外合资企业	0.45
国有及国有控股企业	3.31	其　他	0.75
集体企业	1.81	无单位	13.86
个体工商户	17.02	总　计	100
私营企业	59.49		

5. 未签订劳动合同人群占比最高

省内跨市农业转移人口中有 59.64% 未签订劳动合同，高于其他三组，说明省内跨市农业转移人口劳动权益意识较为淡薄。其中，有固定期限合同的占总样本的 13.86%，无固定期限合同占比为 6.63%。见表 3.19。

表 3.19　　　　　省内跨市农业转移人口劳动合同种类　　　　单位：%

劳动合同种类	样本占比	劳动合同种类	样本占比
有固定期限	13.86	不清楚	1.05
无固定期限	6.63	不适用	14.61
完成一次性工作任务	4.22	总　计	100
未签订劳动合同	59.64		

6. 社保覆盖面最高，达到 99.1%

社保在省内跨市农业转移人口中基本达到了全面覆盖，未参保的人群占比仅为 0.9%；64.01% 的农业转移人口享有 1 项社保，享有 2 项的占比为 28.01%；享有 3 项及以上的社保仅占 7.07%，高于其他三组，说明省内跨市农业转移人口保障更加完全。见表 3.20。

表 3.20　　　　　省内跨市农业转移人口保险数量　　　　单位：%

保险数量	样本占比	保险数量	样本占比
0	0.9	4	1.05
1	64.01	5	0.45
2	28.01	6	0.45
3	5.12	总　计	100

从保险种类上看，新农合基本实现全面覆盖，参保人数占总

人数的比例达到 98.19%，城镇职工、城镇居民的医疗保险参保率分别仅为 3.01% 和 1.81%；参加商业医疗保险的为 18.07%，高于其他三组；生育保险的参保率也很低，仅为 2.26%。见表 3.21。

表 3.21　　　　　　　　省内跨市农业转移人口保险种类　　　　　　　单位:%

保险种类	占比情况	
	参　加	未参加
新型农村合作医疗保险	98.19	1.81
城镇职工医疗保险	3.01	96.99
城镇居民医疗保险	1.81	98.19
工伤保险	15.51	84.49
生育保险	2.26	97.74
商业医疗保险	18.07	81.93
其他	5.72	94.28

（四）跨省农业转移人口的群体特征

1. 月均收入为 2800 元

跨省农业转移人口平均月收入达到 2800 元，在四类群体中最高。其中，2000 元及以下占比 43.65%，2001～4000 元占比达到 48.05%，4001～6000 元占比 5.94%，6000 元以上占比 2.36%，总体上看跨省流动人员收入在 2000 元以上的比例达到 56.35%，高于其他三组，更多人选择跨省流动。见表 3.22。

2. 文化程度总体较高，有研究生学历的人群

跨省农业转移人口的学历最高为研究生，而其他三组最高学历仅为本科。其中，跨省农业转移人口的学历有 58.44% 为初中，

表3.22　　　　　　　　　跨省农业转移人口平均月收入

平均月收入（元）	样本占比（%）	平均月收入（元）	样本占比（%）
2000 及以下	43.65	6001 及以上	2.36
2001～4000	48.05	总　计	100
4001～6000	5.94		

小学及以下占29.8%，高中占7.82%，中专占2%，大专及以上占1.9%。见表3.23。

表3.23　　　　　　　　跨省农业转移人口的受教育情况　　　　　　　单位:%

受教育程度	样本占比	受教育程度	样本占比
未上学	2.8	大　专	1.44
小　学	27	本　科	0.37
初　中	58.44	研究生	0.09
高　中	7.82	缺失值	0.05
中　专	2	总　计	100

3. 年龄平均为36岁

跨省农业转移人口中平均年龄为36岁，低于县内跨乡和市内跨县的人群。其中，近六成人群的年龄在30～50岁，占比为59.77%；30岁以下的为32.94%，比重略低于省内跨市人群，但高于另两组。见表3.24。

表3.24　　　　　　　　跨省农业转移人口的受教育情况

年龄（岁）	样本占比（%）	年龄（岁）	样本占比（%）
30 以下	32.94	50 及以上	7.29
30～50	59.77	总　计	100

4. 单位性质更加多元化

跨省农业转移人口的就业单位性质更加多元化。其中，在私营企业就业的最多,占比为59.13%;个体工商户占比为14.98%;在外资企业比重高于其他三组,达到2.23%;还有部分就职于机关、事业单位和合资企业等,无单位者占比16.79%。见表3.25。

表3.25　　　　　　跨省农业转移人口单位性质　　　　　单位:%

单位性质	样本占比	单位性质	样本占比
土地承包者	0.32	日/韩企业	0.3
机关、事业单位	0.21	欧美企业	0.28
国有及国有控股企业	2.2	中外合资企业	1.97
集体企业	1.67	其 他	0.5
个体工商户	14.98	无单位	16.79
私营企业	59.13	总 计	100
港澳台企业	1.65		

5. 签订劳动合同的人群占比最高

跨省农业转移人口中签订劳动合同（包括固定期限合同,无固定期限合同）的比重达到29.22%,高于其他三组。跨省农业转移人口中51.83%未签订劳动合同,有固定期限合同的占总样本的19.72%,无固定期限合同和完成一次性工作任务占比分别为9.5%和1.63%。见表3.26。

表3.26　　　　　　跨省农业转移人口劳动合同种类　　　　　单位:%

劳动合同种类	样本占比	劳动合同种类	样本占比
有固定期限	19.72	不清楚	2.02
无固定期限	9.5	不适用	15.3
完成一次性工作任务	1.63	总 计	100
未签订劳动合同	51.83		

6. 可享有的社会保障种类最多

跨省农业转移人口享有社保种类更加丰富,最多享有7种社保，而其他三组最多享有 6 种。其中，1.67% 的人群未享受社保，75.02% 的人群享有一项社保。见表 3.27。

表 3.27　　　　　　　　跨省农业转移人口保险数量　　　　　单位:%

保险数量	样本占比	保险数量	样本占比
0	1.67	5	0.23
1	75.02	6	0.09
2	18.92	7	0.05
3	3.19	总　计	100
4	0.83		

从不同的社保种类来看，有 97.36% 的跨省农业转移人口参加了新型农村合作医疗保险，工伤保险、商业医疗保险的参与率分别是 9.56%、6.63%，城镇职工医疗保险为 2.75%，低于其他三组，城镇居民医疗保险为 0.73%，生育保险的参与率也仅为 1.40%。见表 3.28。

表 3.28　　　　　　　　跨省农业转移人口保险种类　　　　　单位:%

保险种类	占比情况	
	参　加	未参加
新型农村合作医疗保险	97.36	2.64
城镇职工医疗保险	2.75	97.25
城镇居民医疗保险	0.73	99.27
工伤保险	9.56	90.44
生育保险	1.40	98.60
商业医疗保险	6.63	93.37
其　他	9.31	90.69

二、影响农业转移人口流向的主要因素

(一) 收入水平对流向的影响

巨大的经济驱动力是促使农业转移人口大规模外出的主要动力，城乡之间巨大的收入差异是农业转移人口向城市流动的最主要原因。2014 年全国 6 省返乡流动人口数据调查结果显示，跨省农业转移人口平均月收入最高达到 2800 元，省内跨市、市内跨县农业转移人口平均月收入基本持平，分别为 2364 元、2476 元，县内跨乡农业转移人口平均月收入最低，仅为 2110 元。见图 3.1。

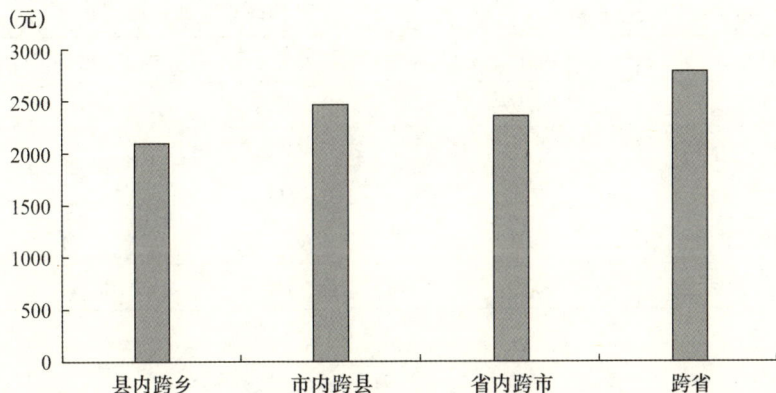

图 3.1　各群体平均月收入

从不同收入层次来看，跨省流动的低收入人群（平均月收入 2000 元及以下）比例偏低（43.65%），县内跨乡的该比例最高，为 59.43%；市内跨县农业转移人口的高收入人群（6001 元及以上）比例最高（2.83%），见表 3.29。这是由于跨省和省内跨市流

动虽然有获得高收入的吸引力，但也会面临远距离外出打工需要路费及生活费等现金约束，而市内跨县农业转移人口不会受到外出打工所需的现金约束，并能找到较好的工作而不愿意到更远的地方打工；县内跨乡农业转移人口由于流动距离过短，收入水平提高不大。

表3.29   不同流向的农业转移人口收入情况

跨省农业转移人口		市内跨县农业转移人口	
平均月收入（元）	样本占比（%）	平均月收入（元）	样本占比（%）
2000 及以下	43.65	2000 及以下	55.42
2001～4000	48.05	2001～4000	35.14
4001～6000	5.94	4001～6000	6.6
6001 及以上	2.36	6001 及以上	2.83
总　计	100	总　计	100
省内跨市农业转移人口		县内跨乡农业转移人口	
平均月收入（元）	样本占比（%）	平均月收入（元）	样本占比（%）
2000 及以下	54.97	2000 及以下	59.43
2001～4000	38.25	2001～4000	36.57
4001～6000	5.87	4001～6000	2.29
6001 及以上	0.9	6001 及以上	1.71
总　计	100	总　计	100

（二）受教育程度对流向的影响

个人的教育状况是影响农业转移人口流向选择的关键因素。基于样本调查的范围、时间的差异，目前中国关于教育程度对农业转移人口的流向选择存在正向、负向和倒 U 形相关这三种结论。2014 年全国 6 省流动人口数据调查结果显示，跨省农业转移人口中大专及以上学历比重为1.9%，远低于其他三组；省内跨市农业转移人口这一比重最高，达到7.08%，市内跨县、县内跨乡比重分别为4.24%、3.43%。见图3.2。

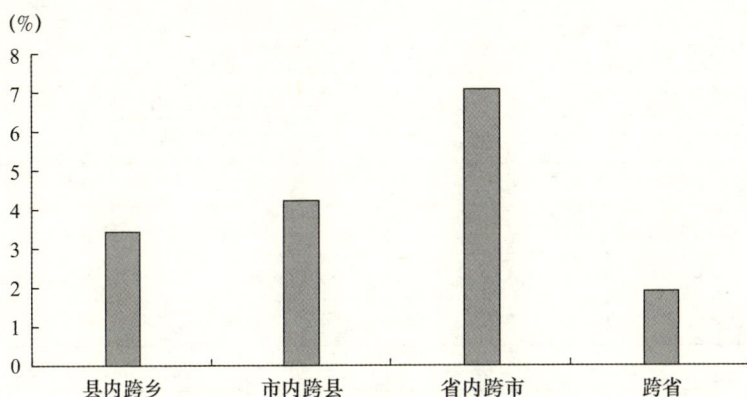

图3.2 四类群体大专及以上学历占比

尽管跨省流动6省是大多数农业转移人口的流向选择，但随着流动者个人受教育程度的提高，选择跨省流动的比例呈下降趋势。这是由于低学历农业转移人口的就业选择机会相对缺乏，他们往往需要通过远距离流动、额外的颠沛艰辛以寻求有限的个人职业流动与发展，因此小学及以下的农业转移人口占跨省总人口的比例最高，为2.8%。而受教育程度高的大专及以上人群更倾向于省内跨市流动而不是跨省流动，其原因可能是农业转移人口要实现跨省就业就必须具有一定的文化知识，而调查的这6省中受教育程度较高的农业转移人口相对稀缺，使得这部分劳动力较易在本省内找到较好的工作，从而不愿意远距离跨省流动，省内跨市的农业转移人口大专及以上比例最高，为7.08%。见表3.30。

表3.30　　　　　　　　不同流向的农业转移人口受教育程度情况　　　　　单位:%

跨省农业转移人口		市内跨县农业转移人口	
受教育程度	样本占比	受教育程度	样本占比
小学及以下	29.80	小学及以下	19.81
初　中	58.44	初　中	60.38
高中和中专	9.82	高中和中专	15.56
大专及以上	1.90	大专及以上	4.24
缺失值	0.05		
总　计	100	总　计	100
省内跨市农业转移人口		县内跨乡农业转移人口	
受教育程度	样本占比	受教育程度	样本占比
小学及以下	27.56	小学及以下	25.14
初　中	56.02	初　中	62.29
高中和中专	9.34	高中和中专	9.15
大专及以上	7.08	大专及以上	3.43
总　计	100	总　计	100

（三）性别对流向的影响

性别因素在农业转移人口流动中扮演着重要的角色。由于家庭和社会分工的性别特征，男女选择跨省流动的影响可能并不相同。2014 年全国 6 省流动人口数据调查结果显示，农业转移人口中大部分为男性。相比之下，男性更倾向于远距离的流动，跨省和省内跨市的男性占比分别是 60.05%、67.47%，而市内跨县、县内跨乡男性占比分别为 57.55%、52%。见图 3.3。

女性更倾向于近距离流动，县内跨乡的女性占比为 48%。这是由于在传统家庭分工模式下，女性往往承担更多的家庭照料责任，并且农村女性的整体教育水平较低，高学历农村女性在市场

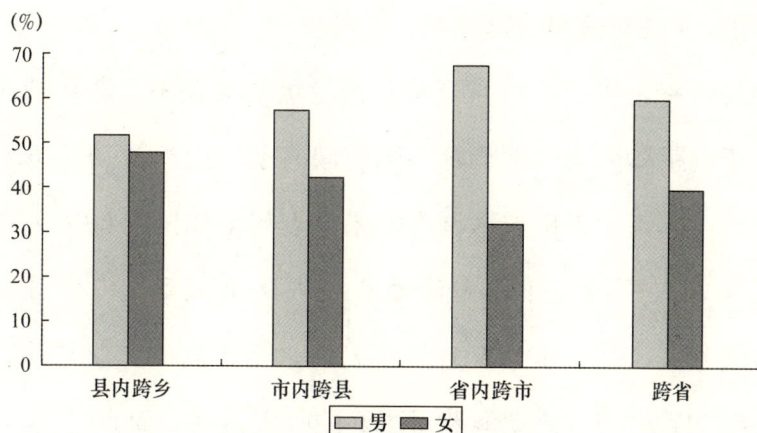

图3.3　各群体男女所占比重

上具有相对稀缺性，其市场竞争压力较小，更易于通过近距离、低成本的流动获得较高的经济回报。与之相比，男性更倾向于远距离流动，但受供给总量相对较大、市场竞争较为激烈的客观影响，不少男性也选择省内跨市的流动方式，一方面为了减少竞争，另一方面为了增加预期回报，因此，男性省内跨市农业转移人口占比反而高于跨省。见表3.31。

表3.31　　　　　　不同流向的农业转移人口性别情况　　　　单位:%

跨省农业转移人口		市内跨县农业转移人口	
性　别	样本占比	性　别	样本占比
男	60.05	男	57.55
女	39.95	女	42.45
总　计	100.00	总　计	100.00
省内跨市农业转移人口		县内跨乡农业转移人口	
性　别	样本占比	性　别	样本占比
男	67.47	男	52.00
女	32.53	女	48.00
总　计	100.00	总　计	100.00

（四）年龄对流向的影响

相关研究表明，年龄与流动距离呈负相关关系，即年龄越大越倾向于近距离流动，年龄越小则越倾向于远距离流动。2014 年全国 6 省返乡流动人口数据调查结果也表现出相同的规律。30 岁以下的年轻人更倾向于跨省流动和省内跨市流动，占比分别是 32.94% 和 37.65%，由于 6 省经济发展水平不高，农业转移人口跨省流动和省内跨市流动能获得更好的收入预期。而 50 岁及以上的中老年人更倾向于市内跨县流动，因为年纪较大的农村劳动力可能由于其迁移受益的年限较短以及心理成本过高而不愿意选择远距离流动。见表 3.32。

表 3.32　　　　　　　　不同流向的农业转移人口年龄情况

跨省农业转移人口		市内跨县农业转移人口	
年龄（岁）	样本占比（%）	年龄（岁）	样本占比（%）
30 以下	32.94	30 以下	28.77
30~50	59.77	30~50	59.2
50 及以上	7.29	50 及以上	12.03
总　计	100	总　计	100
省内跨市农业转移人口		县内跨乡农业转移人口	
年龄（岁）	样本占比（%）	年龄（岁）	样本占比（%）
30 以下	37.65	30 以下	24.00
30~50	52.26	30~50	70.29
50 及以上	10.09	50 及以上	5.71
总　计	100	总　计	100

（五）流出地经济发展情况对流向的影响

不同户籍地的流动者流向选择存在显著差异。相关研究表明，东部沿海地区的农村劳动力更倾向于省内流动，而中、西部地区的农村劳动力更倾向于跨省流动。由于改革开放以来，外商直接投资集中在东部沿海地区，该区域的制造业发达，能为农业转移人口提供较好的工作岗位，大部分能够实现省内就业。而中、西部地区的经济发展相对落后，农业转移人口更倾向于向东部沿海地区进行跨省流动。2014 年全国 6 省流动人口数据调查是针对安徽省、贵州省、河南省、湖南省、江西省、四川省的，这 6 省都属于中西部地区，跨省农业转移人口占本省全部农业转移人口的比例分别是 83.3%、82.8%、91.0%、62.8%、93.2%、52.7%，由于四川省经济水平较为发达，成都市又是我国西南地区的中心城市，因此跨省流动比例较低，而其余 5 省跨省流动的人口比例均超过 60%，尤其是河南和江西，跨省流动的人口占比超过 90%。见表 3.33。

表 3.33　　　　　　不同流向的农业转移人口流出地情况　　　　单位:%

省　份	跨省农业转移人口占比	省内跨市农业转移人口占比	市内跨县农业转移人口占比	县内跨乡农业转移人口占比	合　计
安徽省	83.3	5.6	4.8	6.3	100
贵州省	82.8	9.9	4.8	2.5	100
河南省	91.0	7.7	0.4	0.9	100
湖南省	62.8	7.7	25.8	3.7	100
江西省	93.2	3.2	2.2	1.5	100
四川省	52.7	36.4	7.0	3.9	100
总　体	77.5	11.8	7.5	3.1	100

（六）社会保障水平对流向的影响

从社会保障层面来看，农业转移人口在流入地享有社保项数越多，其流动距离越远。从表 3.34 可以看出，在流入地享有 6 种社保（新型农村合作医疗保险、城镇职工医疗保险、城镇居民医疗保险、工伤保险、生育保险、商业医疗保险）的农业转移人口多是选择跨省或省内跨市流动；而市内跨县和县内跨乡农业转移人口主要参加 1 种社保，且参加 3 种社保的人员比例很低，仅为 3.3% 和 2.29%。

表 3.34　　　　不同流向的农业转移人口参加社保情况　　　单位:%

参加社保数量	跨省农业转移人口样本占比	省内跨市农业转移人口样本占比	市内跨县农业转移人口样本占比	县内跨乡农业转移人口样本占比
0	1.67	0.90	1.18	1.14
1	75.02	64.01	79.95	75.43
2	18.92	28.01	14.86	20.00
3	3.19	5.12	3.30	2.29
4	0.83	1.05	0.71	0.57
5	0.23	0.45	0	0.57
6	0.14	0.45	0	0
总　计	100	100	100	100

三、小　结

不同流向农业转移人口，在收入水平、文化程度、年龄、就业单位性质、参加社会保障等方面，呈现出一定的差异性。

县内跨乡农业转移人口的月均收入最低，为 2110 元，大专及以上学历占比为 3.43%，平均年龄 37 岁，近一半在私营企业就业，近一半未签订劳动合同，社会保障以新农合为主。

市内跨县农业转移人口的月均收入为 2476 元，高中及以上文化程度的人口占比最高，平均年龄 38 岁，私营企业就业人数占比最低，签订劳动合同人数占比最低，享有两种及以上社会保障的占比最低。

省内跨市农业转移人口的月均收入为 2364 元，大专及以上学历占比最高，平均年龄 36 岁，在私营企业就业的人群占比最高，未签订劳动合同人群占比最高，社保覆盖面最高，达到 99.1%。

跨省农业转移人口的月均收入为 2800 元，有研究生学历的人群，年龄平均为 36 岁，单位性质更加多元化，签订劳动合同的人群占比最高，可享有的社会保障种类最多。

从影响因素来看，收入是影响农业转移人口流向的最主要因素，受教育程度、性别、年龄、流出地经济发展水平等也对流向产生一定影响。总体上，收入水平越高，农业转移人口流动距离越远；受教育程度越高，农业转移人口流动距离越远，但随着流动者个人受教育程度的提高，选择跨省流动的比例呈下降趋势。性别对农业转移人口流向有直接影响，女性更倾向于近距离流动。年龄与流动距离呈负相关关系，即年龄越大越倾向于近距离流动，年龄越小则越倾向于远距离流动。流出地经济发展情况也影响农业转移人口的流向，四川等地本省经济较为发达，省内流动的比例相对较高。从社会保障来看，农业转移人口在流入地享有社保项数越多，其流动距离越远。

近年来，中西部地区农民工月工资增长加快，与东部地区的收入水平日益缩小，这也是中西部出省农业转移人口近年来加快回省内就业重要原因。同时，随着年龄的增长，第一代农业转移人口正在开始返乡，未来这一趋势会更加明显。

第四章

不同流向农业转移人口发展意愿分析

一、不同流向农业转移人口发展意愿

农业转移人口的发展意愿是影响他们未来市民化区域的重要因素。而发展意愿主要包括长期居住意愿、迁入户口意愿、购房建房意愿以及养老意愿等。本部分使用国家卫生和计划生育委员会2013年的调查数据，调查地区包括上海市松江区、江苏省苏州市和无锡市、湖北省武汉市、湖南省长沙市、陕西省西安市和咸阳市、福建省泉州市，有效样本共计14920名农业转移人口。

（一）跨省农业转移人口发展意愿

1. 近半数愿意回户籍地长期居住

从发展意愿来看，跨省农业转移人口打算在流入地长期居住的比例为49.7%，而不打算长期居住的比例为50.4%。跨省农业转移人口愿意把户口迁入流入地的比例为52.1%，而不愿意把户口迁入流入地的比例有47.9%。

2. 60%以上愿意回户籍地购建房，大部分选择在户籍地乡村建房

跨省农业转移人口打算回户籍地村或乡镇建房的比例最高，为 47.1%，回户籍地县市区或乡镇购房的比例为 17.3%，回户籍地地级市购房的比例较少，为 1.9%，回户籍地省会城市购房的比例更低，仅为 0.8%；打算在流入地购房的比例为 19.1%，还没有打算的比例较高，占 19.2%。

3. 近70%愿意回户籍地养老，大多数愿意回到户籍地乡村

跨省农业转移人口打算回户籍地村或乡镇养老的比例最高，为 50.9%，回户籍地县市区或乡镇养老的比例为 14.7%，回户籍地地级市养老的比例较少，为 1.9%，回户籍地省会城市养老的比例更低，仅为 0.7%；打算在流入地养老的比例为 12.5%，还没有打算的比例较高，占 19.1%。见表 4.1。

（二）省内跨市农业转移人口发展意愿

省内跨市是当前人口流动的一种重要方式，而这一部分农业转移人口的市民化意愿也成为影响省内市际之间人口与资源、经济与社会配置和发展的关键因素。

1. 60%愿意在流入地长期居住

从 2013 年流动人口动态监测调查数据来看，省内跨市人口打算在流入地长期居住的比例为 60.4%，而不打算长期居住的比例为 39.6%。省内跨市人口愿意把户口迁入流入地的比例为 54.0%，而不愿意把户口迁入流入地的比例有 46.0%。

表 4.1		跨省农业转移人口发展意愿	单位:%
发展意愿			跨省农业转移人口
是否打算在 本地长期居住	是		49.7
	否		50.4
是否愿意把 户口迁入本地	是		52.1
	否		47.9
打算在哪里 购房、建房	回户籍地的村或乡镇建房		41.1
	回户籍地的县市区或乡镇购房		17.3
	回户籍地地级市购房		1.9
	回户籍地省会城市购房		0.8
	在本地购房		19.1
	没有打算		19.2
	其他		0.8
打算在 哪里养老	回户籍地的村或乡镇养老		50.9
	回户籍地的县市区或乡镇养老		14.7
	回户籍地地级市养老		1.9
	回户籍地省会城市养老		0.7
	在本地养老		12.5
	没有打算		19.1
	其他		0.2

注：总样本量 8472 人。

2. 超过 40% 愿意回户籍地购建房，约 32% 愿意在流入地购房

省内跨市人口打算回户籍地村或乡镇建房的比例较高，为 28.8%，回户籍地县市区或乡镇购房的比例为 14.0%，回户籍地地级市购房的比例较少，为 1.4%，回户籍地省会城市购房的比例更低，仅为 0.5%；打算在流入地购房的比例为 31.8%，还没有打算的比例较高，占 22.3%。

3. 约55%愿意回户籍地养老，大多数也愿意回户籍地乡村

省内跨市人口打算回户籍地村或乡镇养老的比例最高，为40.8%，回户籍地县市区或乡镇养老的比例为12.1%，回户籍地地级市养老的比例较少，为1.9%，回户籍地省会城市养老的比例更低，仅为0.5%；打算在流入地养老的比例为20.8%，还没有打算的比例较高，占23.8%。见表4.2。

表4.2　　　　　　　　省内跨市农业转移人口发展意愿　　　　　单位:%

发展意愿		省内跨市人口
是否打算在本地长期居住	是	60.4
	否	39.6
是否愿意把户口迁入本地	是	54.0
	否	46.0
打算在哪里购房、建房	回户籍地的村或乡镇建房	28.8
	回户籍地的县市区或乡镇购房	14.0
	回户籍地地级市购房	1.4
	回户籍地省会城市购房	0.5
	在本地购房	31.8
	没有打算	22.3
	其他	1.3
打算在哪里养老	回户籍地的村或乡镇养老	40.8
	回户籍地的县市区或乡镇养老	12.1
	回户籍地地级市养老	1.9
	回户籍地省会城市养老	0.5
	在本地养老	20.8
	没有打算	23.8
	其他	0.2

注：总样本量5118人。

（三）市内跨县农业转移人口发展意愿

市内跨县流动由于距离近、跨度小、经济社会文化发展相近，为农业转移人口的就近、就地市民化提供了十分便利的条件。

1. 近 60% 愿意在流入地长期居住

从市内跨县农业转移人口的发展意愿来看，市内跨县人口打算在流入地长期居住的比例为 58.5%，而不打算长期居住的比例为 41.5%。市内跨县人口愿意把户口迁入流入地的比例为 50.2%，而不愿意把户口迁入流入地的比例有 49.9%。

2. 45% 愿意回户籍地购建房，选择回乡村建房比例较高

市内跨县人口打算回户籍地村或乡镇建房的比例最高，为 32.4%，回户籍地县市区或乡镇购房的比例为 11.1%，回户籍地地级市购房的比例较少，为 2.0%，回户籍地省会城市购房的比例更低，仅为 0.4%；打算在流入地购房的比例为 29.9%，还没有打算的比例较高，占 23.8%。

3. 54% 愿意回户籍地养老，大多数也愿意回到乡村

市内跨县人口打算回户籍地村或乡镇养老的比例最高，为 40.8%，回户籍地县市区或乡镇养老的比例为 10.6%，回户籍地地级市养老的比例较少，为 2.5%，回户籍地省会城市养老的比例更低，仅为 0.1%；打算在流入地养老的比例为 19.3%；没有打算的比例也较高，占 26.5%。见表 4.3。

表4.3　　　　　　　　市内跨县农业转移人口发展意愿　　　　　单位:%

发展意愿		市内跨县人口
是否打算在本地长期居住	是	58.5
	否	41.5
是否愿意把户口迁入本地	是	50.2
	否	49.9
打算在哪里购房、建房	回户籍地的村或乡镇建房	32.4
	回户籍地的县市区或乡镇购房	11.1
	回户籍地地级市购房	2.0
	回户籍地省会城市购房	0.4
	在本地购房	29.9
	没有打算	23.8
	其他	0.5
打算在哪里养老	回户籍地的村或乡镇养老	40.8
	回户籍地的县市区或乡镇养老	10.6
	回户籍地地级市养老	2.5
	回户籍地省会城市养老	0.1
	在本地养老	19.3
	没有打算	26.5
	其他	0.2

注：总样本量1330人。

二、不同流向农业转移人口发展意愿的影响因素

影响农业转移人口发展意愿的因素很多，主要包括以下7项。

（1）年龄特征。一般认为，第一代农业转移人口返回户籍地发展的意愿更强，而"80后""90后"农业转移人口在流入地发展的意愿更强。

（2）教育程度。人力资源理论和迁移流动理论的研究表明，教育程度越高，农业转移人口越倾向于在流入地发展，而教育程度较低，农业转移人口更愿意回户籍地发展。

（3）流入时间。社会融入理论发现，在流入地的居留时间越长，农业转移人口对当地的社会形态、生活方式等越适应，他们越愿意留下来发展；而流入时间越短，农业转移人口受流出地的影响越大，他们就近市民化的意愿越强烈。

（4）职业类型。就业是农业转移人口外出生活的基础和根本，但目前农业转移人口的职业类型主要集中在商业服务业和生产运输建筑两类类型中，两者之间是否具有差异成为市民化研究的重点内容。

（5）就业身份。雇员和雇主的发展意愿可能存在明显的不同。

（6）收入水平。农业转移人口的家庭收入水平是决定他们发展意愿的关键因素，收入越高，他们在流入地的居住、教育、医疗、消费等行为越可能得到满足；而收入较低，农业转移人口就更倾向于回到户籍地生活和发展。

（7）社会保障。有无医疗、养老、失业、工伤等保险是农业转移人口选择发展区域的重要因素。

但这些因素对不同流向的农业转移人口的影响是否一致？如果不一致，差异性有多大？哪些因素的影响导致差异？……这些问题的回答需要数据的实证和现实的探索。

（一）年龄对发展意愿的影响

年龄因素对跨省农业转移人口的户籍地发展意愿的影响更为

强烈，特别是"90后"农业转移人口，其户籍地长期居住、保留户籍、购房建房的比例明显要高。见表4.4。从省内跨市人群和市内跨县人群来看，年龄越大，户籍地购房建房、养老意愿越强；而年龄越小，户籍地购房建房、养老比例越低。

表4.4 　　　　年龄差异与不同流向农业转移人口户籍地发展意愿　　　　单位:%

年龄	户籍地居住比例			年龄	户籍地保留户口比例		
	跨省流动	省内跨市	市内跨县		跨省流动	省内跨市	市内跨县
第一代	47.7	40.0	52.7	第一代	47.0	49.2	52.7
"80后"	48.3	36.7	48.2	"80后"	44.9	41.6	48.2
"90后"	61.6	47.1	46.2	"90后"	56.8	47.9	46.2

年龄	户籍地购房建房比例			年龄	户籍地养老比例		
	跨省流动	省内跨市	市内跨县		跨省流动	省内跨市	市内跨县
第一代	61.5	46.4	48.4	第一代	71.3	61.3	60.3
"80后"	58.9	44.0	46.4	"80后"	65.7	51.5	53.8
"90后"	64.4	40.7	36.7	"90后"	66.2	45.5	36.2

（二）学历对发展意愿的影响

总体来看，不同流向农业转移人口的发展意愿都受教育差异的影响。教育程度越高，户籍地发展意愿越弱；教育程度越低，户籍地发展意愿越强。特别是大学专科及以上农业转移人口的户籍地发展意愿要明显低于高中及以下人口。见表4.5。

（三）流入时间对发展意愿的影响

如图4.1所示，跨省农业转移人口户籍地居住意愿随流入时间的延长呈现均匀的下降趋势。省内跨市人口户籍地居住意愿在5年及以下流入时间内变化较迅速，但5年以上时间内户籍地居住意愿

表4.5 　　　　教育程度与不同流向农业转移人口户籍地发展意愿　　　单位:%

教育程度	户籍地居住比例			教育程度	户籍地保留户口比例		
	跨省流动	省内跨市	市内跨县		跨省流动	省内跨市	市内跨县
小学及以下	53.3	46.7	46.6	小学及以下	53.8	53.1	54.6
初中	52.4	40.5	42.8	初中	49.2	47.3	51.3
高中/中专	46.9	39.7	40.6	高中/中专	43.3	44.0	47.8
大学专科及以上	31.6	25.9	31.6	大学专科及以上	32.6	36.2	44.2
教育程度	户籍地购房建房比例			教育程度	户籍地养老比例		
	跨省流动	省内跨市	市内跨县		跨省流动	省内跨市	市内跨县
小学及以下	69.0	55.1	56.8	小学及以下	78.0	71.1	63.6
初中	63.6	47.8	47.9	初中	69.8	58.9	58.6
高中/中专	54.0	41.4	43.3	高中/中专	61.6	49.9	48.3
大学专科及以上	36.0	23.2	31.6	大学专科及以上	47.6	31.3	36.8

变化较小。而市内跨县人口在流入地居住 10 年及以上后,户籍地居住意愿有所升高。

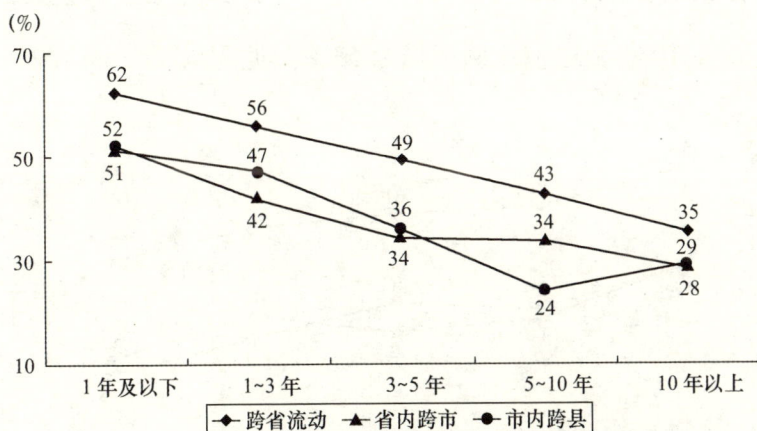

图4.1 　流入时间与不同流向农业转移人口户籍地居住意愿

　　跨省农业转移人口户籍地保留户籍意愿随流入时间的延长呈现均匀的下降趋势。省内跨市人口在流入地居住 1～5 年时间其保留户籍意愿并不发生明显变化。而市内跨县人口在流入地居住 10 年及以上后，保留户籍意愿有明显上升趋势。见图 4.2。

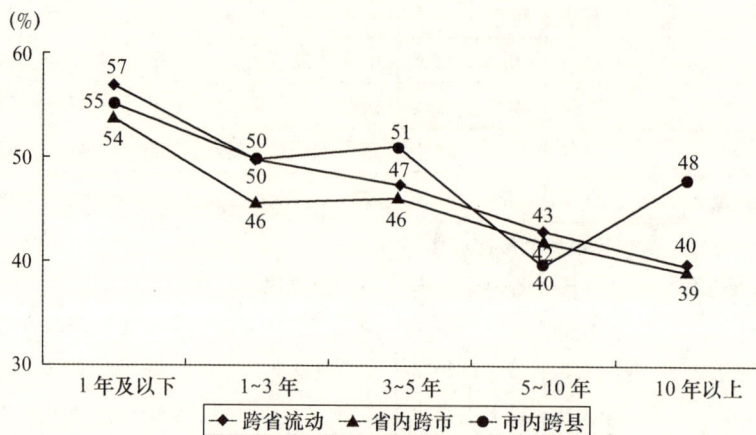

图 4.2　流入时间与不同流向农业转移人口户籍地保留户口意愿

不同流向农业转移人口的返乡购房、建房意愿都随流入时间的增加呈现递减趋势。例如，跨省农业转移人口中，流入时间为 1 年及以下的返乡购房、建房比例为 68%，而 1～3 年为 62%，3～5 年为 61%，10 年及以上比例下降为 53%。见图 4.3。

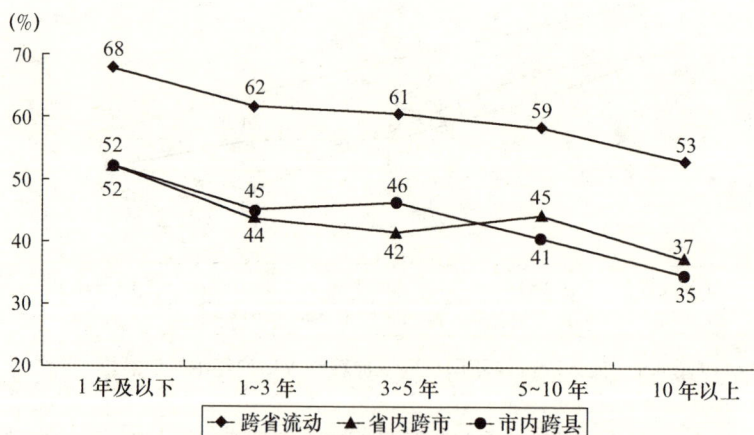

图 4.3　流入时间与不同流向农业转移人口户籍地购房建房意愿

农业转移人口的养老意愿与流入时间的相关程度不高，仅在 1 年时间内有较大变化。但市内跨县人口在流入地居住 10 年以上后，其户籍地养老意愿有明显升高趋势。见图 4.4。

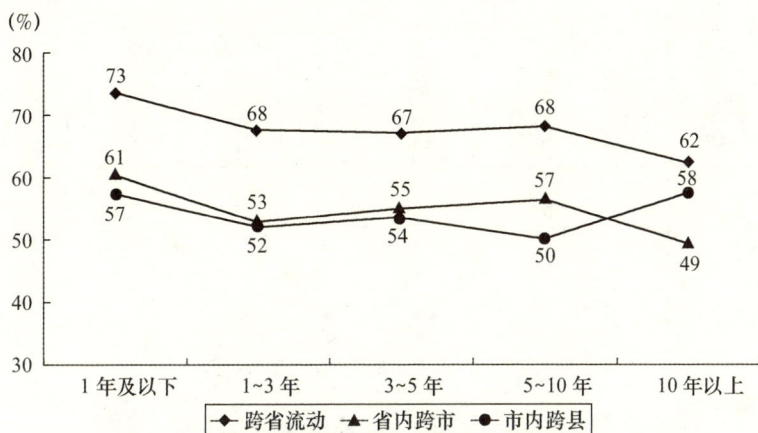

图 4.4　流入时间与不同流向农业转移人口户籍地养老意愿

（四）职业对发展意愿的影响

生产、运输、建筑等人员打算回户籍地居住的比例较高，跨省农业转移人口此比例为 61%，省内跨市和市内跨县人口分别为 51% 和 50%。次之是无固定工作人员，户籍地居住比例也都在 40% 以上。见图 4.5。市内跨县人口保留户籍的意愿明显高于跨省农业转移人口和省内跨市人口。其中，最高比例的是农林牧渔人员，其保留户籍比例为 63%。跨省农业转移人口中保留户籍意愿比例较高的是生产、运输、建筑等人员，达 53%。省内跨市人口中保留户籍意愿较高比例的是生产、运输、建筑人员，以及商业服务业人员和农林牧渔人员。见图 4.6。

(%)

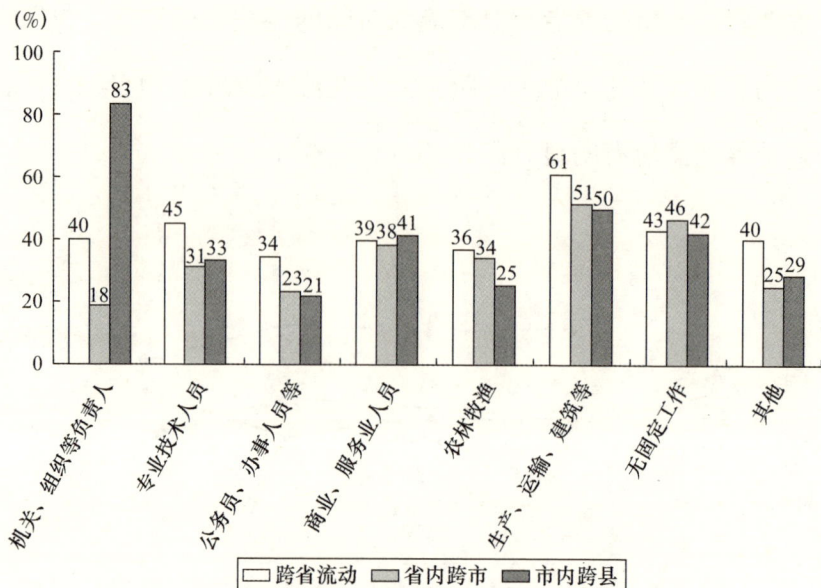

图4.5　职业类型与不同流向农业转移人口户籍地居住意愿

(%)

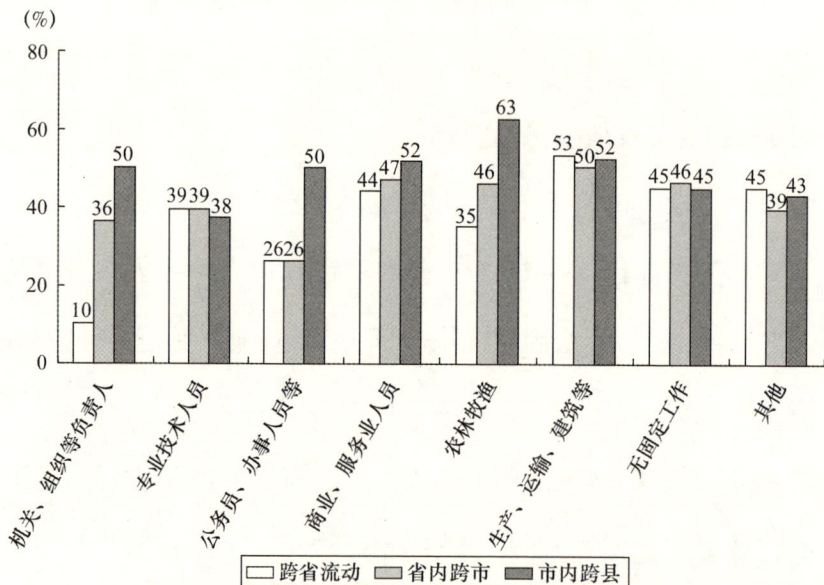

图4.6　职业类型与不同流向农业转移人口户籍地保留户口意愿

跨省农业转移人口中，农林牧渔人员打算在户籍地购房建房的比例较高；而省内跨市人口中，生产、运输、建筑等人员打算在户籍地建房购房的比例最高；市内跨县人口中，由于机关、组织、企事业单位负责人人员很少，样本的发展意愿出现不稳定性。见图4.7。

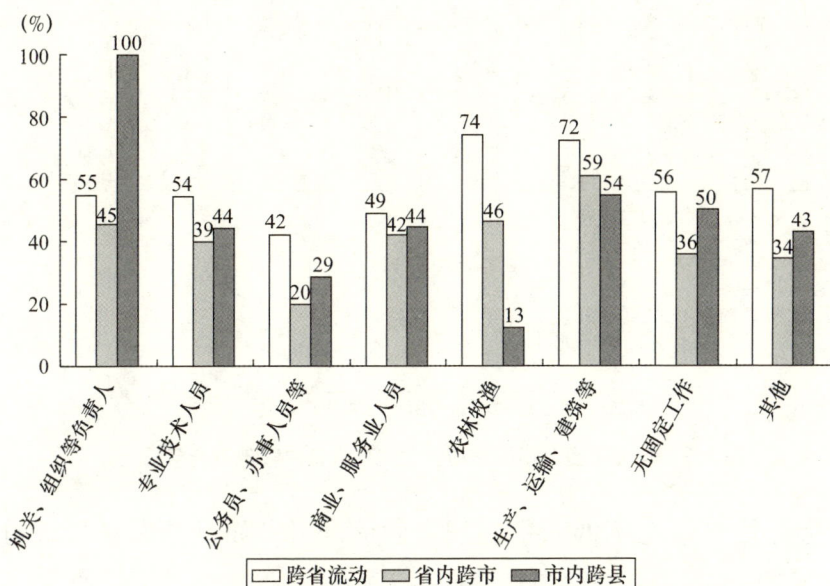

图4.7　职业类型与不同流向农业转移人口户籍地购房建房意愿

跨省农业转移人口和省内跨市人口中，回户籍地养老比例较高的农林牧渔人员和生产运输建筑人员，而市内跨县人口中回户籍地养老比例较高的是生产运输建筑人员和商业服务业人员。见图4.8。

（五）就业身份对发展意愿的影响

在跨省农业转移人口中，雇员的户籍地居住、保留户口、购房养老比例都显著高于雇主、自营劳动者、家庭帮工等群体。在省内跨市人口中，雇员户籍地居住、购房建房以及养老比例都较

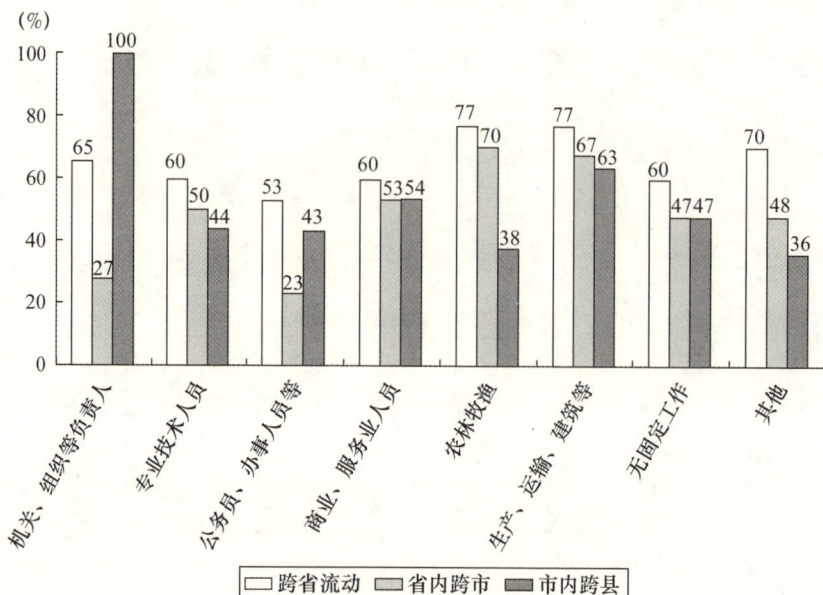

图4.8　职业类型与不同流向农业转移人口户籍地养老意愿

高，但保留户籍比例低于雇主和自营劳动者；而且，家庭帮工的保留户口比例更是明显降低，仅为42.4%。在市内跨县人口中，雇员的户籍地居住比例最高，为48%，而雇主为37.4%，自营劳动者为37.2%，家庭帮工仅为25.5%；但雇主在户籍地的保留户口比例、购房建房比例、返乡养老比例都为最高。见表4.6。

表4.6　　就业身份与不同流向农业转移人口户籍地发展意愿　　　单位:%

就业身份	户籍地居住比例			就业身份	户籍地保留户口比例		
	跨省流动	省内跨市	市内跨县		跨省流动	省内跨市	市内跨县
雇员	57.4	46.4	48.0	雇员	50.8	46.8	50.7
雇主	31.0	35.6	37.4	雇主	41.7	48.8	54.6
自营劳动者	35.9	34.2	37.2	自营劳动者	43.2	47.2	51.6
家庭帮工	30.8	33.1	25.5	家庭帮工	43.9	42.4	43.6

续表

就业身份	户籍地购房建房比例			就业身份	户籍地养老比例		
	跨省流动	省内跨市	市内跨县		跨省流动	省内跨市	市内跨县
雇员	67.2	50.4	47.5	雇员	72.4	57.9	53.5
雇主	45.5	40.4	48.5	雇主	59.0	52.6	61.6
自营劳动者	49.0	40.8	45.1	自营劳动者	61.2	54.9	54.0
家庭帮工	48.1	36.4	30.9	家庭帮工	57.5	48.3	54.5

（六）收入水平对发展意愿的影响

数据分析结果表明，农业转移人口收入水平越低，户籍地居住比例越高；而收入水平越高，其户籍地居住比例越低。特别是家庭收入水平为 1 万元及以上的跨省流动人群，其户籍地居住意愿要明显弱于 1 万元以下样本。换言之，1 万元收入是跨省农业转移人口发展意愿变化的一条明显界线。见图 4.9。

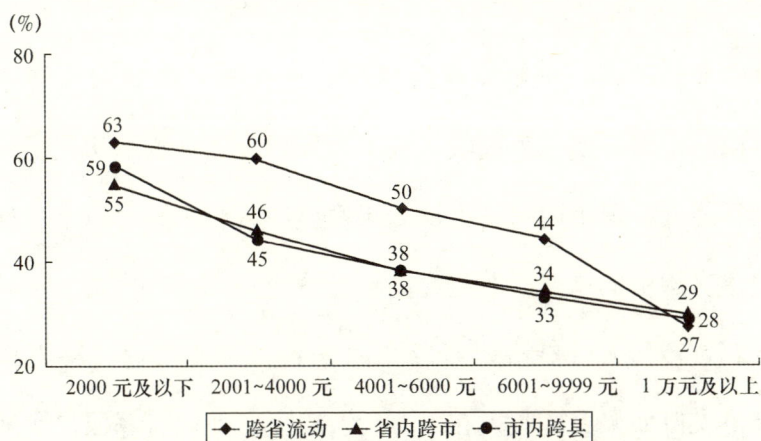

图 4.9　收入水平与不同流向农业转移人口户籍地居住意愿

4000 元是跨省农业转移人口户籍意愿发生变化的一条明显界

限。4000 元以下的户籍保留比例都在 54% 以上，而 4000 元以上呈现显著下降趋势，4001～6000 元为 48%，6001～9999 元为 42%，万元以上仅为 35%。收入为 6001～9999 元的省内跨市人员保留户籍比例最高，为 54%。4000 元及以下的省内跨市人口的保留户籍意愿都在 50% 左右，而 4000 元及以上的省内跨市农业转移人口保留户籍比例仅为 40% 左右。见图 4.10。

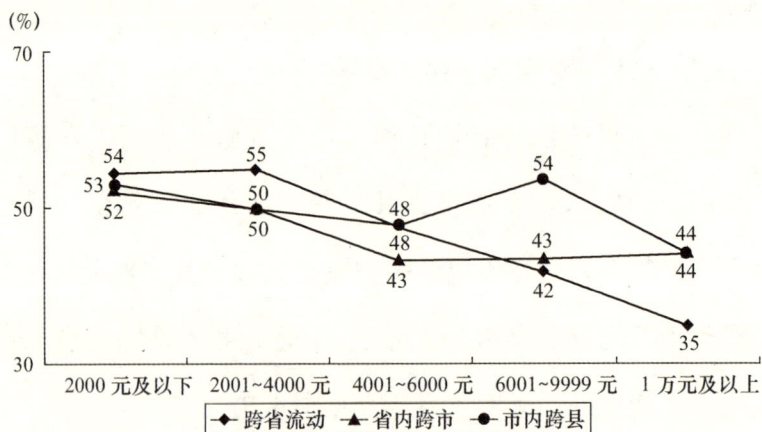

图 4.10 收入水平与不同流向农业转移人口户籍地保留户口意愿

从农业转移人口户籍地购房建房意愿来看，跨省农业转移人口和省内跨市人口如果家庭收入在 1 万元以上，他们购房建房的比例会明显降低，但市内跨县人口如果家庭收入在 1 万元以上，他们户籍地建房购房的比例会明显升高。见图 4.11。

从农业转移人口户籍地养老意愿来看，跨省农业转移人口和省内跨市人口如果家庭收入在 1 万元及以上，他们打算回户籍地养老的比例会明显降低，但市内跨县人口如果家庭收入在 1 万元及以上，他们打算回户籍地养老的比例会明显升高。见图 4.12。

(%)

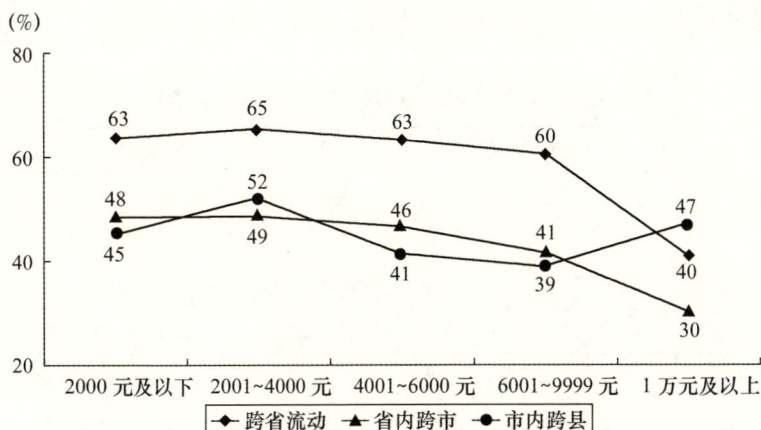

图4.11　收入水平与不同流向农业转移人口户籍地购房建房意愿

(%)

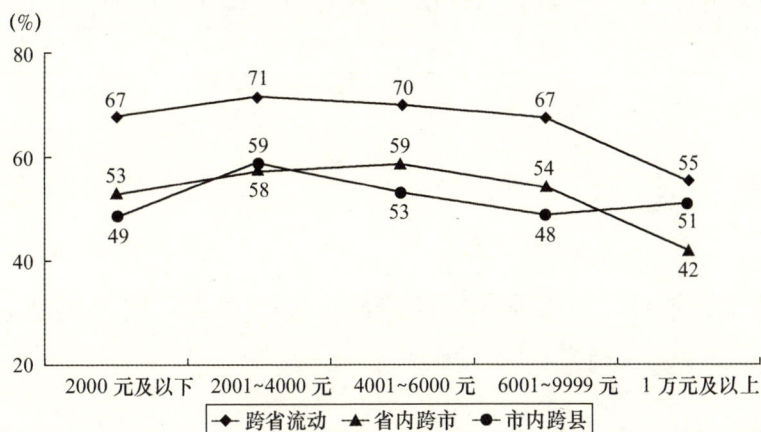

图4.12　收入水平与不同流向农业转移人口户籍地养老意愿

（七）社会保障对发展意愿的影响

社会保障对农业转移人口的发展意愿具有显著的影响。以医疗保险为例，有医疗保险的人口在流入地发展的意愿更强，而没有医疗保险的人群回户籍地发展的意愿更强；不论是不同流向，还是不同发展意愿，都是此规律。但市内跨县人口的发展意愿受社会保险的影响更明显，没有医疗保险的样本回户籍地发展的比例高出有医疗保险的样本更多。见表4.7。

表4.7　　　医疗保险与不同流向农业转移人口户籍地发展意愿　　　单位:%

医保情况	户籍地居住比例			医保情况	户籍地保留户口比例		
	跨省流动	省内跨市	市内跨县		跨省流动	省内跨市	市内跨县
没有医疗保险	50.4	41.0	43.0	没有医疗保险	50.4	47.7	50.6
有医疗保险	40.7	32.5	25.0	有医疗保险	40.7	37.1	42.0
医保情况	户籍地购房建房比例			医保情况	户籍地养老比例		
	跨省流动	省内跨市	市内跨县		跨省流动	省内跨市	市内跨县
没有医疗保险	61.77	45.57	47.04	没有医疗保险	69.33	56.39	54.93
有医疗保险	58.78	39.95	32.14	有医疗保险	65.14	49.38	43.75

三、小　结

从调查结果分析来看，不同流向农业转移人口的发展意愿有较大差异。

跨省流动的农业转移人口中，约50%愿意在户籍省内长期居住和保留户籍。此外，有60%以上的跨省农业转移人口打算回户籍省内购房建房和养老。由于中西部农业转移人口中，有60%～70%为跨省流动，据此推算，中西部全部农业转移人口中有30%～40%愿意在户籍地长期发展。

省内跨市农业转移人口60%打算在流入地长期居住，而40%以上的样本打算回户籍市域购房、建房。因此，省内跨市农业转移人口的市民化主要分化为两个场所：流入市域和户籍市域。市内跨县人口的市民化意愿体现了与省内跨市人口相似的规律，也是分化为流入县域和户籍县域两种市民化意愿，并且各占50%左右。不论选择哪里，省内流动的农业转移人口都选择就近市民化。其中，约有40%愿意回到户籍地县城或乡村购建房，约50%愿意回到户籍地县城或乡村养老。

分析表明，农业转移人口自身的年龄、教育因素，在流入地的居留时间、职业类型、就业身份、收入水平以及社会保障因素都显著影响到他们的发展意愿和市民化地区。总体来看，年龄越大，教育程度越低，流出时间越短，职业等级越低，收入水平越低，社会保障水平越低，越愿意回到户籍地；反之，则更愿意在流入地发展。

在跨省流动的农业转移人口中，"80后"、大学专科及以上、流入5年以上、家庭收入水平较高，有流入地的社会保险、商业服务业人员、自营就业人员在流入省份发展的意愿较强。而"90后"、初中及以下教育水平、流入5年以下、家庭收入在4000元以下、社会保障参保率较低、从事生产运输建筑的受雇人员打算回省内市民化的比例较高。

在省内跨市的农业转移人口中，"80后"、大学专科及以上、流入10年以上、家庭收入在万元以上的人口在流入地发展的意愿较强。而第一代、初中及以下教育水平、流入10年以下、家庭收入在万元以下的人口打算返回户籍市域发展的比例较高。

在市内跨县的农业转移人口中，"90后"在流入区县长期居住和迁入户籍的意愿比较强烈，而"80后"在流入地购房和养老的意愿较强。同时，大学专科及以上、流入 5~10 年、家庭收入在 6000~10000 元之间的人口在流入地发展的意愿最强。第一代、教育程度较低、流入 1 年及以下、雇主、家庭收入在 2000~4000 元的人口打算回户籍区县发展的比例较高。

第五章

农业转移人口就近城镇化面临的主要问题

  尽管 6 省农业转移人口中约 70% 为跨省转移，但从调查数据来看，春节返乡后选择在县内转移就业的比重再提升，从发展意愿来看，即使出省的农业转移人口也有近半数要回乡定居或养老。如果再加上在乡镇内转移就业的农业人口，就近市民化的趋势将日趋明显。从调研情况来看，《国家新型城镇化发展规划》出台以后，中央各部委结合自身职能和任务分工，及时研究出台相关政策，各地结合自身实际积极开展探索，农业转移人口就近城镇化的政策环境进一步改善，但政策落实还不均衡，农业转移人口就近城镇化还存在不少问题。

一、农业转移人口的分布现状及趋势

（一）农业转移人口区域分布现状及趋势

  随着区域经济布局的调整，农业转移人口就业布局也出现了新的变化：仍以东部地区为主，但在中西部地区就业的比重开始上升。出现这种变化的一个重要原因，是农业转移人口在中西部省内就近转移就业增长加快。从全国来看，在省内转移就业农民工（包括本乡镇内就业和出乡镇但在省内就业）的数量从 2008 年的 15058 万人增加到 2013 年的 19155 万人，5 年增加了近 4100 万人，年均增加约 820 万人。省内转移就业的比重也从 2008 年的 66.8% 增加到 2013 年的 71.2%，年均提高约 1 个百分点。其中，本地（乡镇）就业的比重基本稳定，而出乡镇但在省内就业的比重从 29.1% 提高到 33%，超过出省的比重。见表 5.1。

表 5.1　　　　　　　　全国农民工省内外分布情况

指　标	规模（万人）		占全部农民工的比重（%）	
	2008 年	2013 年	2008 年	2013 年
农民工总量	22542	26894		
1. 外出农民工	14041	16610	62.3	61.8
（1）出省	7484	7739	33.2	28.8
（2）省内乡外	6557	8871	29.1	33.0
2. 本地农民工	8501	10284	37.7	38.2
省内合计	15058	19155	66.8	71.2

数据来源：国家统计局年度农民工监测报告。

分地区来看，东部地区外出农民工（出乡镇）在省内就业的比重一直很高，2008 年为 79.7%，2013 年进一步上升到 82.1%。中部地区在省内就业的比重从 2008 年的 29%，提高到 2013 年的 37.5%，年均提高 1.7 个百分点。西部地区在省内就业的比重从 2008 年的 37%，提高到 2013 年的 45.9%，年均提高约 1.8 个百分点。见表 5.2。

表 5.2　　　　　　　　　　外出农民工省内外分布比例　　　　　　单位:%

地　区	2008 年		2013 年	
	省　内	省　外	省　内	省　外
东部地区	79.7	20.3	82.1	17.9
中部地区	29	71	37.5	62.5
西部地区	37	63	45.9	54.1

数据来源:国家统计局年度农民工监测报告。

如果再考虑乡镇内部转移就业的农民工,省内就近就业的趋势更加明显。在全部农民工中,东部地区省内就业的比重一直在 90% 以上;中部地区从 2008 年的 47.9% 上升到 2012 年的 52%,年均上升约 1 个百分点;西部地区从 50.3% 上升到 58%,年均上升约 2 个百分点。见表 5.3。据此推算,2013 年中部地区省内就业的比重应在 53% 左右,西部地区在 60% 左右。可以预计,随着中西部地区经济发展的加快,将会有更多的中西部农业转移人口选择就近转移就业或回乡创业。

表 5.3　　　　　2008～2012 年全部农民工省内外分布情况　　　　单位:%

	2008 年				2012 年			
	全国	东部	中部	西部	全国	东部	中部	西部
出省①	33.2	9	52.1	49.7	29.2	7	48	42
出乡镇但在省内②	29.1	35.3	21.3	29.2	33.2	39	25	35
本乡镇内③	37.7	55.7	26.6	21	37.2	54	27	23
省内合计比重②+③	66.8	91	47.9	50.3	70.4	93	52	58

数据来源:国家统计局年度农民工监测报告。

(二) 农业转移人口城市分布现状及趋势

2013 年全国农民工监测调查报告数据表明,在 16610 万外出农民工中，8.5%流向直辖市，22%流向省会城市，33.4%流向地级市（包括副省级），35.7%流向小城镇。见图5.1。

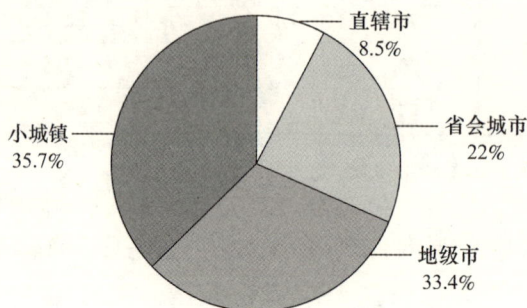

图5.1　2013年全国外出农民工流入城市分布状况

但如果再考虑到本乡镇内部转移就业的近40%农民工，则全国农民工中约有60%是流向小城镇的，即约有1.6亿农民工在小城镇（2013年数据）。

在7739万跨省流动的农民工中，14.4%流向直辖市，22.6%流向省会城市，39.6%流向地级市（包括副省级），22.5%流向小城镇。见图5.2。

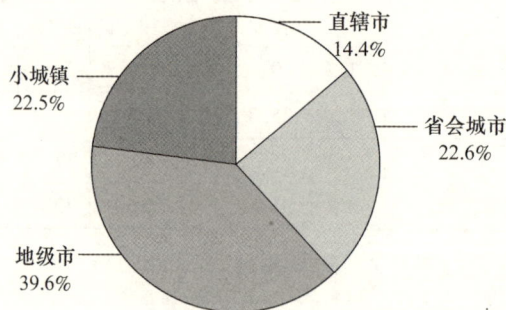

图5.2　2013年全国跨省流动农民工流入城市分布状况

在8871万省内流动的农民工中，3.3%流向直辖市，21.5%流向省会城市，28.1%流向地级市（包括副省级），47.1%流向小城镇。见图5.3。

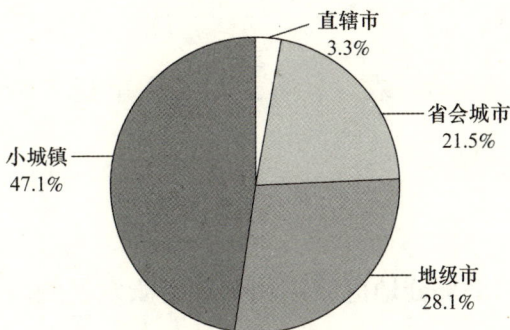

图5.3　2013年全国省内流动农民工流入城市分布状况

动态来看，2009～2013年的5年中，农民工流向直辖市、地级市以及县级以下区域的比例都有小幅下降，而流向省会城市的比例有所增加，从2009年的19.8%，上升到2013年的22%。见图5.4。

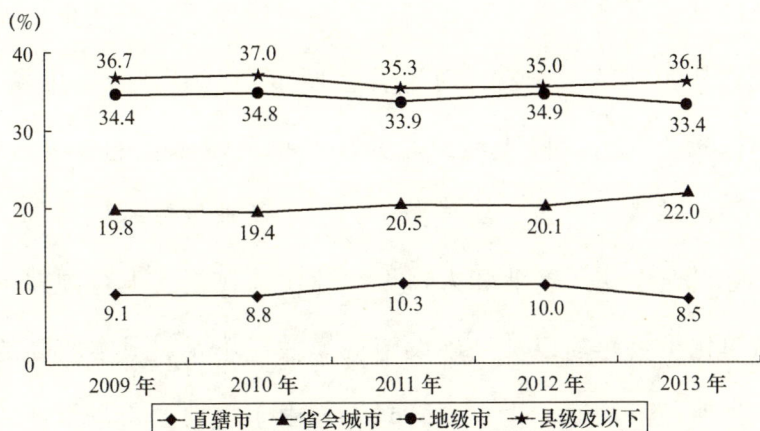

图5.4　2009～2013年全国农民工流入城市的变动情况

数据来源：2009～2013年全国农民工监测调查报告。

二、农业转移人口就近城镇化面临的主要问题

从调研情况来看，农业转移人口省内就近市民化还面临一些突出的矛盾和问题。

（一）中西部部分地区城镇化持续健康发展的内生动力不足

外出农业转移人口主要集中在东部发达地区和地级以上城市（均超过60%），导致大城市人口过于集中，中小城市和城镇发展不足，想吸引农业转移人口的地方引力不大，对农业转移人口引力大的地方又容纳不了。在中西部的大部分地区，工业化基础薄弱，地方加快推进城镇化的愿望较强，但可利用的财政资源有限，可动员的社会资本不足，往往以"土地—房地产"模式推动城镇化建设。从实施效果来看，对于省会城市和其他部分大中城市，产业支撑较为充分，以土地经营为杠杆推动城镇化的效果较好。但对于中西部大部分三、四线城市，由于产业发展基础薄弱，城镇投资建设速度快于产业和人口聚集速度，在经济上行周期中出现了城镇化投资超前以及基础设施规模效应不足、成本较高的问题。在当前经济增速下滑的大背景下，由于房地产市场低迷、地价走低，中西部地区三、四线城市陷入了"业难兴、人难聚、房难卖、地难拍、债难还"的困境，不仅城镇化的内生动力下降，未来还有可能暴露大面积的债务风险。

公共服务资源按行政级别配置，导致不同层级城市间公共资源分配严重不均衡。越大规模的城市，明文规定的行政级别或潜在的行政级别就越高，越上级的城市支配公共资源的能力也就越大，并由此形成了公共财政、土地指标等公共资源配置向大城市集中，造成中小城镇公共资源配置严重不足。特别是经济越发达的镇，财政收入留成比例越低，真正留在镇里能够支配的财力并不多，远不能满足城镇建设和城镇公共服务的基本需求。

同时，中西部地区基层公共就业服务机构不健全，中介市场不发达，劳动力供求信息少；本地农民工参加城镇社保的比例更低，权益受损现象比沿海地区更严重；农民工返乡创业面临的土地、资金瓶颈问题突出。

（二）户籍制度改革进展不平衡，不协调

一是一些市县对户籍改革的认识不统一，重视程度不够。存在担心地方财政保障、社会承载力不足，或改变已有制度会引发民事法律纠纷，甚至社会稳定问题的顾虑。

二是省际和省内地市间改革进展不平衡。因强调农业、非农业户口引发保障性住房对象确定、农村独生女高考加分资格审核、公民办理社会事务要求出具户口性质证明等新问题，容易导致居民社会活动受影响，增加社会矛盾。

三是协调机制不完善。如湖北省尚未建立自上而下的户籍管理制度改革专门工作机构，专班不落实，且挂名多，实战少，部门

间缺乏实质性沟通，在人力财力精力上投入不足。

四是相关政策法规改革不配套。户籍制度改革，涉及《兵役法》《土地管理法》《物权法》《居民委员会组织法》《村民委员会组织法》《最低生活保障条例》等法规，以及一批地方性法规的政策规定，需要国家从法律法规层面加以系统改革。

（三）基本公共服务既没有与原有制度断根，又在城镇化进程中产生一些新的问题

一是一些基本公共服务还没有与原有制度断根。虽然一些地方实行了城乡一元化户籍制度，但依附在户籍制度上的民政、社保、计生、土地管理等政策还没有同步配套改革，不同居民的低保、优抚、生育等政策待遇仍然存在城乡差别。

二是一些公共服务对农业转移人口覆盖面窄。农业转移人口随迁子女义务教育"两为主"进展不均衡，学前教育和中考高考问题日益突出；农业转移人口不能平等享受公共卫生和计生服务，看病难问题突出；在城镇参加社会保障的比率和保障水平低，住房保障程度低。农业转移人口市民化成本分担机制不健全，流入人口较多的地方政府财政压力很大。

三是很多城市的公共资源压力加大，尤其是教育资源不足问题日益突出。湖北省和陕西省都反映，像武汉、西安这样的特大城市，严格控制人口规模与农业转移人口落户意愿强烈之间的矛盾突出。武汉市城区人口已超过 500 万，中心城区人口密度为每平方公里

19742 人，按照国家规定必须严格控制人口增长，但其经济发展、社会环境条件相对优越，近阶段人口聚集洼地效应愈发明显。据武汉市统计，每年除 20 万大中专院校学生外，通过工作调动、购房入户、投靠落户、出生登记等多种方式净增人口 15 万人，而且主要集中在中心城区，造成中心城区现有交通、医疗、住房、就业、教育等公共设施的实际承受能力相对饱和，人口增长与资源环境之间的矛盾加剧。另一方面，中小城市和小城镇发展相对滞后，产业支撑不足、基础设施薄弱、教育和医疗卫生等公共服务欠缺，吸引人口集聚的能力相对不足。农业转移人口想留的大城市不让留，国家鼓励去的小城市和小城镇，农业转移人口又不愿去。

四是在城镇化进程中又出现一些新问题。比如在教育方面，由于城市学校的生均经费水平要低于农村学校，一些农村学生进入城市上学后，以前一些不用交的钱现在要交了，教育负担反而加重了。一些划入城镇的地区，也因性质的变化，导致学校公用经费减少，影响正常运行。

（四）农业转移人口市民化成本较高，地方政府财力难以支撑

如武汉市测算，其农业转移人口市民化的成本约为 19 万元/人，如果到 2020 年实现 200 万左右的市外农业转移人口存量及 100 万左右市内农业转移人口的市民化，政府需要付出的公共成本将达到 4383 亿元。2013 年武汉市全年地方公共财政收入仅为 978.52 亿元，难以支撑如此庞大的成本。孝感市测算，其农业转

移人口市民化的成本约为 6 万元/人，到 2020 年全市农业转移人口市民化的规模约为 175 万人，地方政府需要承担的公共成本约为 188 亿元，孝感市 7 年可提供 65 亿元，缺口达 123 亿元。

湖南省资兴市（郴州市代管的县级市）到 2017 年需要市民化总成本为 61.44 亿元，政府、用人单位（企业）、个人分担比重约为 68.38%、17.09% 和 14.52%，政府承担的市民化成本为 42.01 亿元。芷江镇（隶属怀化市芷江侗族自治县）到 2020 年，需解决 9.33 万农业转移人口的市民化问题，需投入大约 120 亿～140 亿元，按照3:5:2的比例，其中政府约承担 35 亿元。而该镇 2013 年财政总收入 1.64 亿元，缺口巨大。

同时，就近市民化也带来一些新的成本分担问题。比如，根据农村义务教育经费保障机制，国家全部免除农村义务教育阶段学生学杂费，免学杂费资金由中央和地方按比例分担，西部地区为8:2，中部地区为6:4，东部地区基本上是由自身承担。但对中西部城市义务教育阶段学生，则无相关补助机制。如果一个农村义务教育阶段学生通过市民化进入城区，则该地区地方财政将减少相应的财政补助。

（五）就业稳定性不足导致农民进城落户意愿不强

例如，目前除西安市外，陕西省农民进城落户的限制已全面取消，但实际上农民进城落户的意愿并不是很强烈，存在"进城不落户"现象。2013 年办理居住证的 120 万人中，办理城镇户口的仅有55.37万人，仅占46%，宝鸡、安康市进城农村居民办理城镇户口的比例分别只有19.50%和8.14%。

农民进城后不愿意落户的最主要原因是就业收入低、就业存在较大的不稳定性，难以维持在城市可持续的生计。例如，渭南市一般的非技能就业岗位工资仅为1200元/月左右，一般公务员也只有1500元/月，本地就业收入无法支撑其在城里买房定居。就地就近的农业转移就业更主要是兼业型，传统农业生产仍然是其家庭生活的重要保障，仍然摆脱不了对土地的依赖。

（六）城镇化融资的可持续性面临严峻挑战

在公共财政收入方面，随着经济进入"新常态"，公共财政收入增速正在经历趋势性下降，用公共财政收入支持城镇化建设的力度也会出现趋势性下降。在土地出让收入方面，由于近期房地产市场不景气，不少地区的土地出让收入出现了显著下降，建设用地指标出现过剩。考虑到房地产市场已基本告别高速增长阶段，土地拆迁及开发成本日渐提高，土地出让金收入或"土地财政"对城镇化的支持力度也会出现趋势性下降。在金融供给方面，中央治理地方政府性债务在短期内对金融体系的城镇化融资供给产生了紧缩效应。本轮地方政府性债务治理的基本原则是"开正门，堵偏门"。但是正门难开，偏门易堵，"开正门"与"堵偏门"在时间上具有非对称性，前者推进的速度远远慢于后者。在社会资本方面，成本较低、期限较长的社会资本（如PPP）引进尚未形成规模。虽然近期财政部和国家发改委发布了有关 PPP 的指导意见、合同指南和操作指南，部分地方也已开展了项目试点，但由于地方政府缺乏经验，近期内大规模推广的可能性不高。

以上问题在小城市和小城镇表现得更为突出，融资可持续性降低已经威胁到了城镇化的健康发展。一方面，这将直接导致市政基础设施的投入和公共服务的提供不足，影响城镇化的质量。另一方面，在城镇化融资缺口较大的情况下，可能出现收"过头税"或加大税收征管力度的行为，加剧财税政策的顺周期性，企业实际税负的提高也将侵蚀城镇化的产业支撑基础。

三、小　结

近年来，农业转移人口省内就近转移就业的趋势日趋明显。从全国来看，农民工省内转移就业的比重从 2008 年的 66.8% 增加到 2013 年的 71.2%，年均增加约 1 个百分点。东部地区，农民工省内就业的比重一直在 90% 以上；中部地区从 2008 年的 47.9% 上升到 2012 年的 52%，年均上升约 1 个百分点；西部地区从 50.3% 上升到 58%，年均上升约 2 个百分点。可以预计，随着中西部地区经济发展的加快，将会有更多的中西部农业转移人口选择就近转移就业或回乡创业。

分城市看，省内流动的外出农民工中，3.3% 流向直辖市，21.5% 流向省会城市，28.1% 流向地级市（包括副省级），47.1%

流向小城镇。如果再考虑到本乡镇内部转移就业的农民工，则在小城镇就业的比重更高。动态来看，2009~2013年的5年中，农民工流向直辖市、地级市以及县级以下区域的比例都有小幅下降，而流向省会城市的比例有所增加。

虽然中西部地区农民工省内就近转移就业的趋势明显，但从调研情况来看，农业转移人口省内就近市民化还面临一些突出的矛盾和问题。中西部部分地区城镇化持续健康发展的内生动力不足；户籍制度改革进展不平衡、不协调；基本公共服务既没有与原有制度断根，又在城镇化进程中产生一些新的问题；农业转移人口市民化成本较高，地方政府财力难以支撑；城镇化融资的可持续性面临严峻挑战。

第六章

推进农业转移人口就近市民化的
基本路径和政策建议

从国情出发，推进农业转移人口省内就近市民化应坚持两条腿走路：一方面，加快户籍制度改革，放宽落户条件，让有意愿有能力的农业转移人口在城镇落户定居成为市民；另一方面，推进公共服务均等化，将社会福利与户籍剥离，让暂不符合落户条件或没有落户意愿又有常住需求的农业转移人口，能享有基本公共服务。

一、基本路径

结合产业布局调整和劳动力流向转移的趋势，把就近转移就业和省内市民化提到更加重要的位置，作为今后我国就业促进政策和城镇化战略的重点。2020 年前，使省内就业的比重每年提高 1~2 个百分点，2020 年省内就业比重达到 80% 左右①，在政策层面

---

① 2013 年全国省内就业的农业转移劳动力比重为 71.2%，这一比重未来年均可提高 1 个百分点，中西部地区省内就业的比重提高更快。

基本能实现省内自由落户，实际落户的比例达到60%左右。

在具体方式上，应以省内落户定居和公共服务均等化为重点，区分不同城市、不同群体、不同公共服务项目，有序推进。

1. 迎接数千万出省农业转移人口返乡潮，鼓励其返乡就业创业和落户定居

2013年，全国外出农民工中，跨省流动的有7739万人。其中，第一代农民工约占40%，约有3100万人，这部分人未来将逐步退出城市劳动力市场。同时，还有一部分1980年后、1990年前出生的新生代农民工，要回省就业或创业。要积极迎接这一趋势，鼓励农业转移人口返乡创业和再就业，引导其在家乡城市（城镇）落户定居，使存量农民工中的80%左右在省内实现市民化。

2. 引导新增农业转移人口就近就地转移就业，在省内就近市民化

2013年，全国新增农民工633万人，其中在本乡镇就业的比重为56%，如果加上省内乡外就业的农民工，省内合计比重已超过60%。中西部地区新增农民工中，也有约40%和50%在本乡镇内就业，出乡镇但在省内就业比重在10%以上，省内就业的比重分别也超过50%和60%，而且这一比重也是稳中有升。到2030年，我国还将新增1亿多农村转移人口，应通过加快产业布局调整，大力发展中小城市和县域经济，使新增农业转移人口的大多数（60%以上）在省内转移就业，在本地实现市民化。

3. 把新型农村社区作为新的城镇单元，引导乡内农业转移人口就地市民化

2013 年，全国乡镇内转移就业的农民工有 10284 万人，占全部农民工的比重达到 38.2%，而且呈加快增长的势头。可以结合农村土地、产权制度改革，通过增量调整的方式，按照城镇标准建设农村新型社区，引导有意愿的农民工及其家属逐步迁移到新型社区居住生活，就地市民化。

二、政策建议

（一）构建中西部地区层级式城市体系，引导农业转移人口分层梯度转移就业和市民化

一是以城市群和城市轴为主体、区域中心城市为依托、县域中心城市为支撑、小城镇和农村新型社区为基础的"层级化"新型城市体系，带动农业转移人口分层转移。对于省会等核心节点城市，应更加注重城市产业的转型与升级，以产业集聚吸引人的集聚，发挥核心城市的辐射作用和带动作用。注重发展好区位优势明显、资源环境承载能力较强的中小城市，培育一批文化旅游、商贸物流、资源加工等特色中小城市、小城镇。结合扩大内陆沿边开放、丝绸之路经济带建设，建设一批边境口岸城市。结合交通、水利等重大项目涉及的集中征地拆迁安置，科学规划建设一批规模适度、按照城镇管理的新型农村社区。

二是增强城市体系间的连通性。大城市要将交通、供水等基础设施向周边中小城市和小城镇延伸，推进大城市中心城区公共服务功能向周边中小城市和小城镇扩散，用综合交通网络和信息化网络把大中小城市和小城镇连接起来。特别是完善中小城市和小城镇的对外交通体系，在大城市一小时经济圈内、县城和中小城市 10～25 千米辐射半径内，打造公共交通系统。

三是推进全域规划和多规融合。坚持高标准、高起点编制好城镇化发展规划，并与产业发展、土地利用、基础设施及公共服务规划相衔接，把经济、社会、生态等目标落实到空间布局和用地安排上。

（二）以产城融合为重点，提升中西部地区城镇化发展的内生动力

一是要提升产业支撑能力。依托综合交通枢纽建设，大力发展通道经济，带动产业经济、城市经济、县域经济和开放经济加快发展。支持中西部地区、中小城市充分发掘地区特色优势资源，发展生态旅游、休闲农业、文化创意等富民产业、绿色产业，大力发展家政服务、养老服务、病患陪护服务、社区照料服务等家庭服务业。加快建设产业园区，提高主导产业、骨干企业、产业园区吸纳能力，促进产城融合，以人气、资本聚集促进关联服务业发展和城镇化水平提升。

二是要提升基础设施支撑能力。加强国家重要战略性、基础性、支柱性产业在中西部地区、中小城市的布局，加大对中西部地区、中小城市重点产业基础设施建设的支持。通过增强交通基础设施的连接性，提高中小城市对区域核心城市的人口承接能力，并根据人口流动趋势，合理规划保障性住房等基础设施的规模与分布，提高城市基础设施的利用效率。

三是要完善就业创业政策环境，鼓励在省内转移就业。实行城乡统一的就业登记制度，建立城乡人力资源信息库和企业用工信息库。以中西部基层为重点，加快构建全国城乡沟通、就业供求信息联网，网点到达县城、乡镇和城市街道、社区的劳动力市场和就业服务网络体系。按照"非禁即入"原则，放宽创业主体资格、经营范围、出资限制等准入条件，加强对农民工创业的政策引导、项目开发、风险评估、小额担保贷款、跟踪扶持等一条龙服务。扶持各类农民工创业园的建设，鼓励"五有"（有点技能、有点资金、有点营销意识、有点办厂能力、对农村有感情的）农民工返乡创业。

四是要加强培训服务促就业。建立由政府、用人单位、个人共同承担的多元化投入机制，构建政府主导、项目支持、市场运作、专兼结合的培训体系，加大农业转移人口职业技能培训。到2020年，使新生代农民工都能够得到一次政府补贴的就业技能培训，基本消除新生长劳动力无技能上岗的现象；使大多数农民工成为技工，优秀的成长为技师，有创业意愿的返乡农民工有机会接受创业培训。

（三）按照规划先行和增量调整的原则，加强新型农村社区建设

一是根据增量调整的原则，做好新型农村社区规划。政府划定未来农村集中聚集区，并给予基础设施和公共服务设施配套方面的补贴和支持，在乡镇内规划建设若干功能设施完善、公共服务配套、居住环境优美的农村新型社区。结合农房建设与危房改造，引导具有建房需求的农民自发渐进地向新型农村社区迁移，通过10～20年的时间自然而然地实现农村居民点的调整和相对集中。

二是在农村新型社区实施城镇化建设管理标准。坚持科学规划、整体设计与土地利用、产业发展、生态建设、水利交通等规划相衔接，编制县域村镇体系规划，合理确定农村新型社区的空间布局、人口规模和产业发展。充分发挥行政、市场、志愿互助等多方面作用，加快构建以公共服务机构为依托、专业经济组织为基础、其他社会力量为补充，公益性服务和经营性服务相结合、专项服务和综合服务相协调的农村新型社区服务体系。

三是注重在农村新型社区培育产业。把农村新型社区建设与发展一、二、三产业相结合，同步建设各类产业园区，聚集相关经济活动，努力增加农民收入。

（四）加快户籍制度改革，推进跨市跨县农业转移人口在流入地落户定居

一是尽快制定《户籍法》及相关配套法规。《户口登记条例》

与当前社会发展不相适应，且相关规定随着《治安管理处罚法》《行政许可法》出台而废止，导致户籍管理缺乏强有力保障，执行效力不高。需要加快制定新的《户籍法》，对户口登记的法律地位、管理范围、民事行为、权利义务等进行界定，在管理体系上形成全国统一的基本条件和标准，确保符合条件的公民在国内自由迁移。同时，集中清理户籍管理文件，相应作出取消修改或废止的决定。

二是尽快出台国家层面的居住证管理办法。在全国层面明确居住证持有人享受的各项基本公共服务、各项基本权利和便利。公安、人社、教育、民政、住建、行业统计、卫生计生等部门也要同步修改相关政策，取消保障房、低保、优抚、生育政策等依附在户籍上的不平等政策，明确突出问题的处置标准。

三是督促各地尽快出台新的户籍制度改革落实政策。根据国家的统一要求，因地制宜制定公开透明的落户标准、居住证享有的公共服务和便利的范围，并限时向社会公布。已放开农业转移人口落户城市的条件，要加快建立健全户籍与居住证相互补充、有效衔接的实有人口管理制，明确从居住证到落户的政策通道。

四是适当放宽中西部大城市的落户标准。适应中西部省内农业转移人口持续向大城市集中的客观趋势，适当放宽省会城市、大型区域中心城市的落户标准，并优先解决举家外出农业转移人口的落户问题。

（五）以新生代农民工为重点，加快推进省内公共服务均等化

一是切实保障农业转移人口随迁子女受教育权利。充分利用全国统一的学籍管理信息系统，全面实行按随迁子女实有人数足额拨付教育经费，保障随迁子女平等享有公共教育资源。在超大城市和义务教育资源承载力短缺的特大城市，进一步推动流入地政府出资购买民办学校学额。落实好以"流入地政府为主、普惠性幼儿园为主"的政策，解决农业转移人口随迁子女接受学前教育问题。继续落实异地高考政策，特别是要完善大城市的异地高考政策。

二是加强农业转移人口公共卫生和医疗服务。合理配置医疗卫生服务资源，提高农业转移人口接受医疗卫生服务的可及性。健全全国新农合信息系统，推行新农合"一卡通"试点工作，方便农业转移人口在省内异地就医和医疗费用即时结算。进一步提高城镇农业转移人口参加职工医疗保险的参保率，全面推行职工医疗保险的地市级统筹，优先解决地市区域内异地就医难问题；加快推进省内联网结算，解决省内异地就医结算难问题。鼓励各地积极探索通过商业保险公司开展结报、输入地与输出地签订协议等多种方式为农业转移人口开展即时结报服务，并适当提高在异地基层医疗机构就诊的报销比例，方便农业转移人口异地就医。

三是做好农业转移人口社会保障工作。健全城镇企业职工基本养老保险与居民养老保险制度之间，以及城镇职工医疗保险和

新农合之间的衔接政策，实现养老和医疗保险在城乡之间以及跨统筹地区之间的顺畅转移接续；提高农业转移人口在流入地城镇的参保率，解决非正规就业、劳务派遣工、随迁家属的参保问题。

四是以公共租赁住房为重点，扩大城镇住房保障覆盖范围。将中低收入住房困难的农业转移人口家庭纳入保障体系；逐步将住房公积金制度覆盖范围扩大到在城市有固定工作的农业转移人口群体，建立和完善住房公积金异地转移接续制度。

（六）明确各级政府职责，健全农业转移人口市民化成本分担机制

一是进一步明确中央政府、省级政府和城市政府在推进农业转移人口市民化方面的主要职责。中央政府主要负责制定基本公共服务全国最低标准，依法承担义务教育、社会保障、公共卫生等基本公共服务成本，增加对接受跨省农业转移人口较多省份的支出补助。省级政府主要负责制定本省（区、市）公共服务标准，承担公共服务成本省级负担部分，增加对接受跨市农业转移人口较多城市的支出补助。城市（含区县）政府要承担公共服务成本市（县）级分担部分，以及基础设施建设和运营成本。

二是进一步完善财税制度，以常住人口作为财政分成依据来调整各级政府之间的财政分配关系。健全中央和省两级专项资金转移支付制度，对吸纳农业转移人口较多的城市给予资金补助，

建立"钱随人走"的挂钩机制。促进生产型税收向消费型税收的转变，增强流入城市吸引人口定居的动力。建立健全财权与事权相匹配的财政管理体制，实现基层政府"事权"和"财权"的对应，特别是要提高县域税收分成比例，加大对小城镇的转移支付力度，确保基层政府具备提供公共服务和以一定财政资金调配人口空间分布的能力。

（七）强化改革创新，引导公共资源和生产要素在不同层级城市间均衡配置

一是构建多元、可持续的城镇化投融资体制。财政资金要注重盘活存量，适当提高财政资金的集中度，改善财政资金的拨放节奏，改变财政资金在各部门细碎化分布的局面，提高城镇基础设施建设的统筹性，压缩因财政资金分散、不连续而形成的额外融资需求。对一些可以实现"使用者付费"的基础设施，应探索公私合作（PPP）、特许经营模式、城镇私募基金等模式，积极稳妥地引进社会资本。在借助土地增减挂钩指标吸引社会资本时，在规范和改进操作机制的前提下，可根据现实发展需求适度扩大交易范围，实现富裕地区对落后地区的反哺。进一步发挥政策性金融供给规模大、期限长、利息成本低的优势和主导作用；在规范地方债务管理的基础上，有计划地实施地方债置换计划，以新债换旧债，以长债换短债，以低息债换高息债，避免出现"堵偏门"太快、"开正门"不够，导致在建、续建项目的资金链断裂。

二是因地制宜创新土地利用方式。允许城郊农村集体建设用地以参股、租赁、转让等形式参与开发，将招工与招商引资同步起来，吸纳农民工返乡创业就业。鼓励中小城市和小城镇积极开发利用低丘缓坡荒滩等未利用地，提高单位土地面积上承载人口数量和工业产出强度，促进集约节约用地。积极探索将出租屋纳入政府保障性住房统筹范围，探索集体经济组织和农民利用集体建设用地建造公租房，加大保障性住房建设力度。

三是加快行政管理体制改革。加快推动行政体制上的省直管市县，赋予市县在公共资源配置上的平等地位；尽快修订设市标准，把城市市区常住人口规模作为设市的重要依据；对吸纳人口较多、经济总量较大的中小城市和小城镇，要逐步赋予其与管辖人口规模和经济总量相适应的经济社会管理权限。

（八）健全包括农业转移人口在内的流动人口信息管理体系

一是整合部门信息资源，完善人口和城镇化统计制度。进一步加强和完善人口普查、人口抽样调查制度，准确反映流动人口规模、结构和变化情况。建立流动人口动态监测和信息共享工作制度，整合公安、人力资源和社会保障、人口计生和统计等部门的报表和监测信息，全面了解流动人口生存发展状况，为完善相关政策提供数据支持。完善城镇化统计制度，把与城镇基础设施相通、人口密度相符的新型农村居住社区作为新的城镇单元，纳入城镇人口统计范畴。

　　二是加快建设国家人口基础信息库。以建设国家人口基础信息库为契机，加快建立"综合采集、集中管理、信息共享"的流动人口信息综合数据库和共享平台，能实时掌握"人从哪里来，人到哪里去"，夯实人口管理和公共服务均等化的基础。

不同层级城市农业转移人口市民化成本分析

一、湖南省各级城市农业转移人口市民化成本分析

（一）长沙市农业转移人口市民化成本分析

长沙市是湖南省省会，位于湖南省东部偏北，总面积1.18万平方千米。2013年，常住人口722万，人口城镇化率为70.6%；全年财政总收入883.89亿元，地区生产总值达到7153亿元，稳居中部省会城市首位。

预计到2020年，实现人口城镇化率提升到80%。农业转移人口市民化任务为170万人（存量42万，增量128万），长沙市中心城区承载农业转移人口市民化90万人，浏阳河和宁乡县城镇核心建设区预计分别承载25万人和20万人，小城市和重点镇总计承载35万人。预计到2020年，实现170万农业转移人口市民化总成本2662.46亿元，其中政府、企业和个人承担比例为32.5%：39.2%：28.3%。长沙市人均市民化成本为156615元。

按照每1万人1平方千米的标准进行估测，到2020年完成128

万新增人口的市民化任务约需要 128 平方千米的土地。

（二）株洲市农业转移人口市民化成本分析

株洲市为湖南省省辖地级市，总面积 11248 平方千米。2013 年全年常住人口 393.45 万，城镇人口 236.5 万，地区生产总值达到 1948 亿元，城镇化率 60.12%。

预计到 2020 年，需要解决 60 万（10 万存量、50 万增量）农村转移劳动力的市民化任务，城镇化率达到 73%。实现市民化任务所需总成本 16357483 万元，政府、用人单位（企业）、个人分担比重约为 25.5%、61.6% 和 12.9%。完成 60 万农村转移劳动力的市民化任务需要增加就业岗位投入共计 3809640 万元，其中政府承担 78000 万元，用人单位（企业）承担 3731640 万元。根据与长沙市同样的用地标准，株洲市需要 50 平方千米土地完成 50 万增量农村转移劳动力的市民化任务。

（三）资兴市农业转移人口市民化成本分析

资兴市是湖南省郴州市代管的县级市，面积 2747 平方千米。2013 年，常住人口 34.4 万人，实现地区生产总值 247.4 亿元，财政总收入 28.54 亿元，是湖南省县域经济综合实力十强之一。2013 年，资兴市人口城镇化率为 60.3%

预计到 2020 年，资兴市需完成农村转移人口市民化任务 12.81 万人（年均增加 1.83 万人）。到 2017 年试点期结束，需要市民化总成本为 61.44 亿元，政府、用人单位（企业）、个人分担比重约为 68.38%、17.09% 和 14.52%。政府承担的市民化成本 42.01 亿元中，中央政府、省级政府和县级政府的分担比例为 5:2:3。其中就业岗位和培训成本支出为 2.68 亿元，全部由政府承担。试点期内资兴市城镇化资金总缺口为 22.73 亿元。到 2020 年，需要 12.81 平方千米土地完成 12.81 万农村转移人口的市民化任务。

（四）芷江镇农业转移人口市民化成本分析

芷江镇隶属芷江侗族自治县（归湖南省怀化市管辖），区域总面积 77.39 平方千米。2013 年，全镇常住人口 10.3 万人，完成地区生产总值 14.87 亿元，财政总收入 1.64 亿元。

预计到 2020 年，芷江镇需解决 9.33 万农业转移人口的市民化问题。芷江镇解决 9.33 万农业转移人口需投入大约 120 亿~140 亿元，按照 3:5:2 的比例，其中政府约承担 35 亿元、企业承担 60 亿元、个人承担 25 亿元。政府承担的市民化成本中，中央政府与地方政府的分担比例为 3:7。劳动力就业培训成本和随迁子女教育成本合计 4.6 亿元。到 2020 年，需要 9.33 平方千米土地完成 9.33 万农村转移人口的市民化任务。

（五）津澧新城农业转移人口市民化成本分析

津澧新城是湖南省常德市为促进地区经济发展，将于 2014 年底完成的新城镇建设，在原来津市市和澧县的基础上建设的新型城镇。2013 年津市城镇化率为 65.3%，澧县城镇化率为 38.1%。2013 年，津市地区生产总值为 97.0 亿元，澧县地区生产总值为 226.2 亿元。

预计到 2020 年，津澧新城需解决 21.6 万农业转移人口的市民化问题，城镇化率达到 62.7%。为完成 21.6 万人口的市民化任务，需投入共计 379 亿元，其中政府承担 177 亿元，企业承担 135 亿元，个人承担 67 亿元。政府、企业、个人承担的比例分别为 46.7%、35.6% 和 17.7%。到 2020 年，需要 21.6 平方千米土地完成 21.6 万农村转移人口的市民化任务。

总结到 2020 年湖南省各等级城市农村转移人口承载力状况，我们可以绘制出如下表格，见附表 1.1。

附表 1.1　　　湖南省相关城市农业转移人口市民化成本

城　　市	市民化总量 （万人）	财政投入 （亿元）	土地要求 （平方千米）
长沙（省会）	170	2662.46	128
株洲（地级市）	60	409	60
资兴（县级市）	12.81	43	12.81
芷江（小城镇）	9.33	35 ~ 45	9.33
津澧（新型城镇建设试点）	21.6	177	21.6

注：1. 市民化总量计算日期截止到 2020 年，包括存量和增量。

2. 就业投入包括在财政投入总数额中。

3. 土地面积有政府预测的按照政府提供数据，没有的按照人口增量 1 万人/平方千米的公式进行预测。有人口增量城市按照增量预测，没有的按照总量预测。

总结到 2020 年湖南省各等级城市农村转移人口市民化成本及

其分担状况，可以绘制出下表，见附表1.2。

附表1.2　　　湖南省相关城市农业转移人口市民化成本分担情况

		长沙市	株洲	资兴	芷江	津澧
市民化总成本（亿元）		2662.46	409	43	35~45	177
分担比例（%）	政府	32.50	25.50	68.38	30	46.70
	企业	39.20	61.60	17.09	50	35.60
	个人	28.30	12.90	14.52	20	17.70
中央、地方分担比例*				5:2:3	3:7	
地方资金缺口（亿元）				22.73		

注：＊有些地区中央、地方分担比例，中间增加省级分担比例。
　　空白单元格资料暂无。

二、湖北省各级城市农业转移人口市民化成本分析

（一）武汉市农业转移人口市民化成本分析

武汉市为湖北省省会城市，面积8494.41平方千米。2013年，常住人口1022万人，完成地区生产总值9051.27亿元，财政总收入2436亿元。2013年常住人口城镇化率为79.28%，户籍人口城镇化率为67.59%。

到2020年，实现200万左右市外农业转移人口存量和100万市内农业转移人口，共计300万农业转移人口的市民化需要政府投入4383亿元。中央、湖北省和武汉地方政府各自承担比例为3:2:5。其中就业培训和服务投入按2014年人均473元计算，需要投入4.73亿元。到2020年，需中央、湖北省给予武汉市92平方

千米的新增城镇建设用地指标，其中中央 22.7 平方千米、湖北省 69.3 平方千米。

(二) 孝感市农业转移人口市民化成本分析

孝感市隶属于湖北省的地级市，面积 8910 平方千米。2013 年，人口达 527 万人，实现地区生产总值 1238.93 亿元，财政收入 127.57 亿元，常住人口城镇化率为 51.03%。

预计到 2020 年，孝感市农业转移人口市民化包括存量 111 万人、增量 64 万人，总规模 175 万人。市民化总成本为 341 亿元，政府、企业、个人三者分担比例为61：9：30。政府承担的市民化总成本 208 亿元中，中央政府、省级和地方政府分担比例为 7.21%、2.16% 和 90.63%。到 2020 年，完成市民化任务孝感地方政府资金总缺口为 123.02 亿元。为完成市民化任务，需要 64 平方千米的新增城镇建设用地指标。

(三) 仙桃市农业转移人口市民化成本分析

仙桃市是湖北省直管县级市，面积 2538 平方千米。2013 年，仙桃市常住人口达 138.17 万人，实现地区生产总值 503 亿元，财政总收入 32.5 亿元，常住人口城镇化率为 55.5%。

预计到 2020 年，仙桃市农业转移人口市民化任务达到 15 万人，常住人口城镇化率达到 65%。市民化总成本中政府、企业和个人的分担比例为 19%、32% 和 49%。政府承担的市民化成本中，中央、省级政府和地方政府之间的分担比例为9.5%、13.9%、76.6%。到2020年完成市民化任务，需要15平方千米的新增城镇建设用地指标。

（四）宜城市农业转移人口市民化成本分析

宜城市是隶属于湖北省襄阳市管辖的县级市，面积2115平方千米。2013年，全市常住人口51.82万人，常住人口城镇化率为45.6%。2013年实现地区生产总值232.46亿元，地方公共财政预算收入15.26亿元。

到2020年，宜城市需要全面完成10.5万农业转移人口的市民化，常住人口城镇化率提高到56.1%，其中4.5万人口存量和6万农业转移人口增量。完成市民化需要总成本135.61亿元。政府、企业、个人成本分担比例为33%、13%、54%。政府承担的市民化成本中，中央政府承担39.4%，省级政府承担36.4%，地方承担24.2%。就业投入总成本4.43亿元，其中各级政府负担3.8亿元，企业负担0.6亿元。到2020年完成市民化任务，需要6平方千米的新增城镇建设用地指标。

总结到2020年湖北省各等级城市农村转移人口承载力状况，可以绘制出如下表格，见附表1.3。

总结到2020年湖北省各等级城市农村转移人口市民化成本及其分担状况，可以绘制出下表，见附表1.4。

附表1.3　　　　湖北省相关城市农业转移人口市民化成本

	市民化总量（万人）	财政投入（亿元）	土地要求（平方千米）
武汉（省会）	300	4383	92
孝感（地级市）	64	208	64
仙桃（县级市）	15	66.4	15
宜城（县级市）	10.5	45.3	6

注：1. 市民化总量计算日期截止到2020年，包括存量和增量。

　　2. 就业投入包括在财政投入总数额中。

　　3. 土地面积有政府预测的按照政府提供数据，没有的按照人口增量1万人/平方千米的公式进行预测。有人口增量城市按照增量预测，没有的按照总量预测。

附表1.4　　　　湖北省相关城市农业转移人口市民化成本分担情况

		武　汉	孝　感	仙　桃	宜　城
市民化总成本（亿元）		4383	208	66.4	45.3
分担比例（%）	政　府		61	19	33
	企　业		9	32	13
	个　人		30	49	54
分担比例*（%）	中　央	30	7.21	9.5	39.4
	省　级	20	2.16	13.9	36.4
	地　方	50	90.63	76.6	24.2
地方资金缺口（亿元）			123.02		

注：＊有些地区中央、地方分担比例，中间增加省级分担比例。

　　空白单元格资料暂无。

总体来看，省会城市的市民化成本在15万元/人左右（2014年价格，下同），地级市在6万~10万元，县级市和小城镇在3万~6万元。层级越低的城市，市民化成本越低。但由于层级越低的城市，财政收入、经济发展水平也越低，其实际成本压力反而越大。

不同流向农业转移人口发展意愿的影响因素

一、跨省农业转移人口发展意愿的影响因素分析

（一）年龄因素

"90后"跨省农业转移人口流入地长期居住意愿和迁入户口意愿明显偏低；"80后"回户籍地乡镇村建房购房的比例较低，第一代跨省农业转移人口回户籍地乡镇村养老的比例最高。

第一代农业转移人口打算在流入地长期居住的比例为52.3%，不打算在流入地长期居住的比例为47.7%；"80后"农业转移人口打算在流入地长期居住的比例为51.7%，不打算长期居住的比例为48.3%；"90后"农业转移人口打算在流入地长期居住的比例仅为38.4%，不打算长期居住的比例达61.6%。见附表2.1。

第一代农业转移人口愿意把户口迁入流入地的比例为53%，不愿意的比例为47%；"80后"农业转移人口意愿迁入户籍的比例最高，为55.2%，不愿意的比例仅为44.9%；"90后"农业转移人口愿意把户籍迁入流入地的比例最低，仅为43.2%，不愿意

附表 2.1　　　　　跨省农业转移人口年龄差异与居住意愿

年龄差异		是否打算在本地长期居住		合　计
		是	否	
第一代	观察值（人）	1940	1769	3709
	比占（%）	52.3	47.7	100.0
"80 后"	观察值（人）	1704	1594	3298
	占比（%）	51.7	48.3	100.0
"90 后"	观察值（人）	562	903	1465
	占比（%）	38.4	61.6	100.0
合　计	观察值（人）	4206	4266	8472
	占比（%）	49.7	50.4	100.0

的比例最高，为 56.8%。见附表 2.2。

附表 2.2　　　　　跨省农业转移人口年龄差异与迁户意愿

年龄差异		是否打算在本地长期居住		合　计
		是	否	
第一代	观察值（人）	1965	1744	3709
	占比（%）	53.0	47.0	100.0
"80 后"	观察值（人）	1819	1479	3298
	占比（%）	55.2	44.9	100.0
"90 后"	观察值（人）	633	832	1465
	占比（%）	43.2	56.8	100.0
合　计	观察值（人）	4417	4055	8472
	占比（%）	52.1	47.9	100.0

第一代农业转移人口打算回户籍地乡镇村、县镇建房购房的比例为 44.8% 和 14.9%，打算在户籍地地级市或省会城市购房的比例仅为 1.4% 和 0.5%；而打算在流入地购房的比例为 19.7%。

"80 后"农业转移人口打算回户籍地乡镇村、县镇建房购房的比例为 36.8% 和 18.8%，打算在户籍地地级市或省会城市购房的比例仅为2.4%和0.8%；而打算在流入地购房的比例为22.1%。

"90后"农业转移人口打算回户籍地乡镇村、县镇建房购房的比例为41.5%和19.6%，打算在户籍地地级市或省会城市购房的比例仅为1.8%和1.4%；而打算在流入地购房的比例为10.6%。见附表2.3。

附表2.3　　　　跨省农业转移人口年龄差异与购房建房意愿

年龄差异		未来打算在哪里购房、建房							合计
		户籍地乡镇村	户籍地县镇	户籍地地级市	户籍地省会城市	本地	没有打算	其他	
第一代	观察值（人）	1660	554	51	17	732	655	40	3709
	占比（%）	44.8	14.9	1.4	0.5	19.7	17.7	1.1	100.0
"80后"	观察值（人）	1215	621	80	26	728	607	21	3298
	占比（%）	36.8	18.8	2.4	0.8	22.1	18.4	0.6	100.0
"90后"	观察值（人）	608	287	27	21	155	361	6	1465
	占比（%）	41.5	19.6	1.8	1.4	10.6	24.6	0.4	100.0
合　计	观察值（人）	3483	1462	158	64	1615	1623	67	8472
	占比（%）	41.1	17.3	1.9	0.8	19.1	19.2	0.8	100.0

第一代农业转移人口打算回户籍地乡镇村、县镇养老的比例为56.3%和13.0%，打算在户籍地地级市或省会城市养老的比例仅为1.5%和0.5%；而打算在流入地养老的比例为13.6%。

"80后"农业转移人口打算回户籍地乡镇村、县镇养老的比例为46.4%和16.2%，打算在户籍地地级市或省会城市养老的比例仅为2.4%和0.8%；而打算在流入地养老的比例为13.7%。

"90后"农业转移人口打算回户籍地乡镇村、县镇养老的比例为47.6%和15.7%，打算在户籍地地级市或省会城市养老的比例仅为 1.9% 和 1.0%；而打算在流入地养老的比例为 7.0%。见附表 2.4。

附表 2.4　　　　跨省农业转移人口年龄差异与养老意愿

年龄差异		未来打算在哪里养老							合计
		户籍地乡镇村	户籍地县镇	户籍地地级市	户籍地省会城市	本地	没有打算	其他	
第一代	观察值（人）	2087	483	56	18	505	553	7	3709
	占比（%）	56.3	13.0	1.5	0.5	13.6	14.9	0.2	100.0
"80后"	观察值（人）	1530	533	79	25	453	672	6	3298
	占比（%）	46.4	16.2	2.4	0.8	13.7	20.4	0.2	100.0
"90后"	观察值（人）	697	230	28	15	102	392	1	1465
	占比（%）	47.6	15.7	1.9	1.0	7.0	26.8	0.1	100.0
合　计	观察值（人）	4314	1246	163	58	1060	1617	14	8472
	占比（%）	50.9	14.7	1.9	0.7	12.5	19.1	0.2	100.0

（二）教育因素

跨省农业转移人口教育程度越高，在流入省份市民化的意愿越强；教育程度越低，在户籍省份市民化的意愿越强。其中，小学及以下样本在户籍地乡镇村发展的比例最高，而高中文化程度样本在户籍地县镇发展的意愿最强。

小学及以下教育程度农业转移人口打算在流入地长期居住的比例为 46.7%，不打算在流入地长期居住的比例为 53.3%；初中教育程度农业转移人口打算在流入地长期居住的比例为 47.6%，不打算长期居住的比例为 52.4%；高中教育程度转移人口打算在流入地长期居住的比例为 53.1%，不打算长期居住的比例达

46.9%。大学专科及以上教育程度农业转移人口打算在流入地长期居住的比例为68.4%，不打算长期居住的比例达31.6%。见附表2.5。

附表2.5　　　　　　跨省农业转移人口教育程度与居住意愿

教育程度		是否打算在本地长期居住		合　计
		是	否	
小学及以下	观察值（人）	627	716	1343
	占比（%）	46.7	53.3	100.0
初中	观察值（人）	2338	2577	4915
	占比（%）	47.6	52.4	100.0
高中/中专	观察值（人）	945	836	1781
	占比（%）	53.1	46.9	100.0
大学专科及以上	观察值（人）	296	137	433
	占比（%）	68.4	31.6	100.0
合　计	观察值（人）	4206	4266	8472
	占比（%）	49.7	50.4	100.0

小学及以下教育程度农业转移人口愿意把户口迁入流入地的比例为46.2%，不愿意迁移户籍的比例为53.8%；初中教育程度农业转移人口愿意迁户的比例为50.8%，不愿意迁户的比例为49.2%；高中教育程度农业转移人口愿意迁户的比例为56.7%，不打算迁移户籍的比例为43.3%。大学专科及以上教育程度农业转移人口愿意迁户的比例为67.4%，不打算迁移户籍的比例为32.6%。见附表2.6。

小学及以下教育程度农业转移人口打算回户籍地乡镇村、县镇建房购房的比例为52.9%和14.4%，打算在户籍地地级市或省会城市购房的比例仅为1.3%和0.4%；而打算在流入地购房的比

附表 2.6　　　　跨省农业转移人口教育程度与迁户意愿

教育程度		是否愿意把户口迁入本地		合　计
		是	否	
小学及以下	观察值（人）	620	723	1343
	占比（%）	46.2	53.8	100.0
初中	观察值（人）	2495	2420	4915
	占比（%）	50.8	49.2	100.0
高中/中专	观察值（人）	1010	771	1781
	占比（%）	56.7	43.3	100.0
大学专科及以上	观察值（人）	292	141	433
	占比（%）	67.4	32.6	100.0
合　计	观察值（人）	4417	4055	8472
	占比（%）	52.1	47.9	100.0

例为 12.4%。初中教育程度农业转移人口打算回户籍地乡镇村、县镇建房购房的比例为 43.7% 和 17.6%，打算在户籍地地级市或省会城市购房的比例仅为 1.7% 和 0.6%；而打算在流入地购房的比例为 16.7%。高中教育程度农业转移人口打算回户籍地乡镇村、县镇建房购房的比例为 31.0% 和 19.2%，打算在户籍地地级市或省会城市购房的比例仅为 2.7% 和 1.1%；而打算在流入地购房的比例为 25.0%。大学专科及以上教育程度农业转移人口打算回户籍地乡镇村、县镇建房购房的比例为 16.2% 和 15.0%，打算在户籍地地级市或省会城市购房的比例仅为 2.1% 和 2.8%；而打算在流入地购房的比例为 42.7%。见附表 2.7。

小学及以下教育程度农业转移人口打算回户籍地乡镇村、县镇养老的比例为 65.1% 和 12.1%，打算在户籍地地级市或省会城市养老的比例仅为 0.7% 和 0.2%；而打算在流入地养老的比例为 8.8%。

附表 2.7　　　　跨省农业转移人口教育程度与购房建房意愿

教育程度		未来打算在哪里购房、建房							合计
		户籍地乡镇村	户籍地县镇	户籍地地级市	户籍地省会城市	本地	没有打算	其他	
小学及以下	观察值（人）	711	193	17	5	66	238	13	1343
	占比（%）	52.9	14.4	1.3	0.4	12.4	17.7	1.0	100.0
初中	观察值（人）	2150	863	84	27	819	944	28	4915
	占比（%）	43.7	17.6	1.7	0.6	16.7	19.2	0.6	100.0
高中/中专	观察值（人）	552	341	48	20	445	358	17	1781
	占比（%）	31.0	19.2	2.7	1.1	25.0	20.1	1.0	100.0
大学专科及以上	观察值（人）	70	65	9	12	85	83	9	433
	占比（%）	16.2	15.0	2.1	2.8	42.7	19.2	2.1	100.0
合计	观察值（人）	3483	1462	158	64	1615	1623	67	8472
	占比（%）	41.1	17.3	1.9	0.8	19.1	19.2	0.8	100.0

初中教育程度农业转移人口打算回户籍地乡镇村、县镇养老的比例为 52.9% 和 14.4%，打算在户籍地地级市或省会城市养老的比例仅为 2.0% 和 0.5%；而打算在流入地养老的比例为 11.0%。

高中教育程度农业转移人口打算回户籍地乡镇村、县镇养老的比例为 40.9% 和 17.2%，打算在户籍地地级市或省会城市养老的比例仅为 2.4% 和 1.1%；而打算在流入地养老的比例为 16.0%。

大学专科及以上教育程度农业转移人口打算回户籍地乡镇村、县镇建房养老的比例为 25.9% 和 15.9%，打算在户籍地地级市或省会城市养老的比例仅为 3.2% 和 2.5%；而打算在流入地养老的比例为 27.5%。见附表 2.8。

附表2.8　　　　　**跨省农业转移人口教育程度与养老意愿**

教育程度		未来打算在哪里养老							合计
		户籍地乡镇村	户籍地县镇	户籍地地级市	户籍地省会城市	本地	没有打算	其他	
小学及以下	观察值（人）	874	162	10	2	118	177	0	1343
	占比（%）	65.1	12.1	0.7	0.2	8.8	13.2	0.0	100.0
初中	观察值（人）	2599	709	97	25	538	942	5	4915
	占比（%）	52.9	14.4	2.0	0.5	11.0	19.2	0.1	100.0
高中/中专	观察值（人）	729	306	42	20	285	394	5	1781
	占比（%）	40.9	17.2	2.4	1.1	16.0	22.1	0.3	100.0
大学专科及以上	观察值（人）	112	69	14	11	119	104	4	433
	占比（%）	25.9	15.9	3.2	2.5	27.5	24.0	0.9	100.0
合计	观察值（人）	4314	1246	163	58	1060	1617	14	8472
	占比（%）	50.9	14.7	1.9	0.7	12.5	19.1	0.2	100.0

（三）流入时间

流入时间越长，在流入省份发展意愿越强；而流入时间越短，回户籍省份发展的意愿越强。

1年及以下农业转移人口打算在流入地长期居住的比例为37.8%，不打算在流入地长期居住的比例为62.2%；3~5年农业转移人口打算在流入地长期居住的比例为50.6%，不打算长期居住的比例为49.4%；10年以上农业转移人口打算在流入地长期居住的比例为64.8%，不打算长期居住的比例达35.2%。见附表2.9。

1年及以下农业转移人口愿意把户籍迁入流入地的比例为43.3%，不愿意迁移户籍的比例为56.7%；3~5年农业转移人口

附表 2.9　　　　跨省农业转移人口流入时间与居住意愿

流入时间		是否打算在本地长期居住		合　计
		是	否	
1 年及以下	观察值（人）	647	1065	1712
	占比（%）	37.8	62.2	100.0
1~3 年	观察值（人）	994	1256	2250
	占比（%）	44.2	55.8	100.0
3~5 年	观察值（人）	772	753	1525
	占比（%）	50.6	49.4	100.0
5~10 年	观察值（人）	1076	802	1878
	占比（%）	57.3	42.7	100.0
10 年以上	观察值（人）	717	390	1107
	占比（%）	64.8	35.2	100.0
合　计	观察值（人）	4206	4266	8472
	占比（%）	49.7	50.4	100.0

愿意把户籍迁入流入地的比例为 52.6%，不愿意迁移户籍的比例为 47.4%；10 年以上农业转移人口愿意把户籍迁入流入地的比例为 60.4%，不愿意迁移户籍的比例达 39.6%。见附表 2.10。

附表 2.10　　　　跨省农业转移人口流入时间与迁户意愿

流入时间		是否愿意把户口迁入本地		合　计
		是	否	
1 年及以下	观察值（人）	742	970	1712
	占比（%）	43.3	56.7	100.0
1~3 年	观察值（人）	1130	1120	2250
	占比（%）	50.2	49.8	100.0
3~5 年	观察值（人）	802	723	1525
	占比（%）	52.6	47.4	100.0
5~10 年	观察值（人）	1074	804	1878
	占比（%）	57.2	42.8	100.0

续表

流入时间		是否愿意把户口迁入本地		合　计
		是	否	
10 年以上	观察值（人）	669	438	1107
	占比（%）	60.4	39.6	100.0
合　计	观察值（人）	4417	4055	8472
	占比（%）	52.1	47.9	100.0

1 年及以下农业转移人口打算回户籍地乡镇村、县镇建房购房的比例为 45.2% 和 20.9%，打算在户籍地地级市或省会城市购房的比例仅为 1.3% 和 0.7%；而打算在流入地购房的比例为 12.2%。

3～5 年农业转移人口打算回户籍地乡镇村、县镇建房购房的比例为 41.1% 和 16.6%，打算在户籍地地级市或省会城市购房的比例仅为 2.5% 和 0.7%；而打算在流入地购房的比例为 18.6%。

10 年以上农业转移人口打算回户籍地乡镇村、县镇建房购房的比例为 37.5% 和 13.3%，打算在户籍地地级市或省会城市购房的比例仅为 1.5% 和 0.7%；而打算在流入地购房的比例为 29.4%。见附表 2.11。

附表 2.11　　　跨省农业转移人口流入时间与购房建房意愿

流入时间		未来打算在哪里购房、建房							合计
		户籍地乡镇村	户籍地县镇	户籍地地级市	户籍地省会城市	本地	没有打算	其他	
1 年及以下	观察值（人）	774	357	23	12	209	328	9	1712
	占比（%）	45.2	20.9	1.3	0.7	12.2	19.2	0.5	100.0
1～3 年	观察值（人）	933	388	46	21	373	478	11	2250
	占比（%）	41.5	17.2	2.0	0.9	16.6	21.2	0.5	100.0

续表

流入时间		未来打算在哪里购房、建房							合计
		户籍地乡镇村	户籍地县镇	户籍地地级市	户籍地省会城市	本地	没有打算	其他	
3~5年	观察值（人）	626	253	38	10	284	299	15	1525
	占比（%）	41.1	16.6	2.5	0.7	18.6	19.6	1.0	100.0
5~10年	观察值（人）	735	317	34	13	424	340	15	1878
	占比（%）	39.1	16.9	1.8	0.7	22.6	18.1	0.8	100.0
10年以上	观察值（人）	415	147	17	8	325	178	17	1107
	占比（%）	37.5	13.3	1.5	0.7	29.4	16.1	1.5	100.0
合计	观察值（人）	3483	1462	158	64	1615	1623	67	8472
	占比（%）	41.1	17.3	1.9	0.8	19.1	19.2	0.8	100.0

1年及以下农业转移人口打算回户籍地乡镇村、县镇养老的比例为53.6%和17.5%，打算在户籍地地级市或省会城市养老的比例仅为1.7%和0.7%；而打算在流入地养老的比例为7.7%。

3~5年农业转移人口打算回户籍地乡镇村、县镇养老的比例为50.1%和14.2%，打算在户籍地地级市或省会城市养老的比例仅为2.5%和0.6%；而打算在流入地养老的比例为12.1%。

10年以上农业转移人口打算回户籍地乡镇村、县镇养老的比例为49.5%和10.8%，打算在户籍地地级市或省会城市养老的比例仅为1.4%和0.6%；而打算在流入地养老的比例为20.9%。见附表2.12。

（四）职业因素

跨省流动的农业转移人口中，商业、服务业人员在流入省份

附表 2.12　　　　　跨省农业转移人口流入时间与养老意愿

流入时间		未来打算在哪里养老							合计
		户籍地乡镇村	户籍地县镇	户籍地地级市	户籍地省会城市	本地	没有打算	其他	
1 年及以下	观察值（人）	918	299	29	12	131	322	1	1712
	占比（%）	53.6	17.5	1.7	0.7	7.7	18.8	0.1	100.0
1～3 年	观察值（人）	1128	332	44	19	232	493	2	2250
	占比（%）	50.1	14.8	2.0	0.8	10.3	21.9	0.1	100.0
3～5 年	观察值（人）	764	216	38	9	185	309	4	1525
	占比（%）	50.1	14.2	2.5	0.6	12.1	20.3	0.3	100.0
5～10 年	观察值（人）	956	279	37	11	281	312	2	1878
	占比（%）	50.9	14.9	2.0	0.6	15.0	16.6	0.1	100.0
10 年以上	观察值（人）	548	120	15	7	231	181	5	1107
	占比（%）	49.5	10.8	1.4	0.6	20.9	16.4	0.5	100.0
合　计	观察值（人）	4314	1246	163	58	1060	1617	14	8472
	占比（%）	50.9	14.7	1.9	0.7	12.5	19.1	0.2	100.0

发展的意愿较强，而生产、运输、建筑等人员回户籍省份发展的意愿相对较强。

商业、服务业人员打算在流入地长期居住的比例达 60.8%，不打算在流入地长期居住的比例为 39.2%；而生产、运输、建筑等人员打算在流入地长期居住的比例达 39.5%，不打算在流入地长期居住的比例为 60.5%。见附表 2.13。

专业技术人员愿意把户口迁入流入地的比例为 60.5%，没有迁户意愿的比例为 39.5%；商业、服务业人员愿意把户口迁入流入地的比例为 55.7%，没有迁户意愿的比例为 44.3%；而生产、运输、建筑等人员愿意把户口迁入流入地的比例为 46.8%，没有迁户意愿的比例为 53.3%。见附表 2.14。

附表 2.13　　　　　跨省农业转移人口职业类型与居住意愿

职业类型		是否打算在本地长期居住		合　计
		是	否	
国家机关、党群组织、企事业单位负责人	观察值（人）	12	8	20
	占比（%）	60.0	40.0	100.0
专业技术人员	观察值（人）	228	185	413
	占比（%）	55.2	44.8	100.0
公务员、办事人员和有关人员	观察值（人）	25	13	38
	占比（%）	65.8	34.2	100.0
经商、商贩、餐饮、家政、保洁、保安、装修、其他商业、服务业人员	观察值（人）	1722	1111	2833
	占比（%）	60.8	39.2	100.0
农、林、牧、渔、水利业生产人员	观察值（人）	49	28	77
	占比（%）	63.6	36.4	100.0
生产、运输、建筑、其他生产运输设备操作人员及有关人员	观察值（人）	1630	2498	4128
	占比（%）	39.5	60.5	100.0
无固定工作	观察值（人）	70	52	122
	占比（%）	57.4	42.6	100.0
其他	观察值（人）	36	24	60
	占比（%）	60.0	40.0	100.0
合计	观察值（人）	3772	3919	7691
	占比（%）	49.0	51.0	100.0

附表 2.14　　　　　跨省农业转移人口职业类型与迁户意愿

职业类型		是否愿意把户口迁入本地		合　计
		是	否	
国家机关、党群组织、企事业单位负责人	观察值（人）	18	2	20
	占比（%）	90.0	10.0	100.0
专业技术人员	观察值（人）	250	163	413
	占比（%）	60.5	39.5	100.0
公务员、办事人员和有关人员	观察值（人）	28	10	38
	占比（%）	73.7	26.3	100.0

职业类型		是否愿意把户口迁入本地		合 计
		是	否	
经商、商贩、餐饮、家政、保洁、保安、装修、其他商业、服务业人员	观察值（人）	1579	1254	2833
	占比（%）	55.7	44.3	100.0
农、林、牧、渔、水利业生产人员	观察值（人）	50	27	77
	占比（%）	64.9	35.1	100.0
生产、运输、建筑、其他生产运输设备操作人员及有关人员	观察值（人）	1930	2198	4128
	占比（%）	46.8	53.3	100.0
无固定工作	观察值（人）	67	55	122
	占比（%）	54.9	45.1	100.0
其他	观察值（人）	33	27	60
	占比（%）	55.0	45.0	100.0
合计	观察值（人）	3955	3736	7691
	占比（%）	51.4	48.6	100.0

专业技术人员打算回户籍地乡镇村、县镇建房购房的比例为27.1%和22.3%，打算在户籍地地级市或省会城市购房的比例仅为2.9%和2.2%；而打算在流入地购房的比例为26.6%。

商业、服务业人员打算回户籍地乡镇村、县镇建房购房的比例为32.2%和13.8%，打算在户籍地地级市或省会城市购房的比例仅为2.0%和0.8%；而打算在流入地购房的比例为28.0%。

生产、运输、建筑等人员打算回户籍地乡镇村、县镇建房购房的比例为49.9%和19.7%，打算在户籍地地级市或省会城市购房的比例仅为1.7%和0.6%；而打算在流入地购房的比例为11.0%。见附表2.15。

附表 2. 15　　跨省农业转移人口职业类型与购房建房意愿

| 职业类型 | | 未来打算在哪里购房、建房 | | | | | | | 合计 |
		户籍地乡镇村	户籍地县镇	户籍地地级市	户籍地省会城市	本地	没有打算	其他	
国家机关、党群组织、企事业单位负责人	观察值（人）	10	0	1	0	8	1	0	20
	占比（%）	50.0	0.0	5.0	0.0	40.0	5.0	0.0	100.0
专业技术人员	观察值（人）	112	92	12	9	110	75	3	413
	占比（%）	27.1	22.3	2.9	2.2	26.6	18.2	0.7	100.0
公务员、办事人员和有关人员	观察值（人）	5	7	2	2	16	4	2	38
	占比（%）	13.2	18.4	5.3	5.3	42.1	10.5	5.3	100.0
经商、商贩、餐饮、家政、保洁、保安、装修、其他商业、服务业人员	观察值（人）	913	390	56	22	792	633	27	2833
	占比（%）	32.2	13.8	2.0	0.8	28.0	22.3	1.0	100.0
农、林、牧、渔、水利业生产人员	观察值（人）	36	19	2	0	10	9	1	77
	占比（%）	46.8	24.7	2.6	0.0	13.0	11.7	1.3	100.0
生产、运输、建筑、其他生产运输设备操作人员及有关人员	观察值（人）	2061	815	69	24	455	679	25	4128
	占比（%）	49.9	19.7	1.7	0.6	11.0	16.5	0.6	100.0
无固定工作	观察值（人）	47	18	3	0	27	27	0	122
	占比（%）	38.5	14.8	2.5	0.0	22.1	22.1	0.0	100.0

续表

职业类型		未来打算在哪里购房、建房							合计
		户籍地乡镇村	户籍地县镇	户籍地地级市	户籍地省会城市	本地	没有打算	其他	
其他	观察值（人）	31	2	0	1	12	14	0	60
	占比（%）	51.7	3.3	0.0	1.7	20.0	23.3	0.0	100.0
合计	观察值（人）	3215	1343	145	58	1430	1442	58	7691
	占比（%）	41.8	17.5	1.9	0.8	18.6	18.8	0.8	100.0

专业技术人员打算回户籍地乡镇村、县镇建房购房的比例为 36.1% 和 19.9%，打算在户籍地地级市或省会城市购房的比例仅为 2.7% 和 1.2%；而打算在流入地购房的比例为 18.6%。见附表 2.16。

附表 2.16　　　　跨省农业转移人口职业类型与养老意愿

职业类型		未来打算在哪里养老							合计
		户籍地乡镇村	户籍地县镇	户籍地地级市	户籍地省会城市	本地	没有打算	其他	
国家机关、党群组织、企事业单位负责人	观察值（人）	12	0	1	0	4	3	0	20
	占比（%）	60.0	0.0	5.0	0.0	20.0	15.0	0.0	100.0
专业技术人员	观察值（人）	149	82	11	5	77	88	1	413
	占比（%）	36.1	19.9	2.7	1.2	18.6	21.3	0.2	100.0

续表

职业类型		未来打算在哪里养老							合计
		户籍地乡镇村	户籍地县镇	户籍地地级市	户籍地省会城市	本地	没有打算	其他	
公务员、办事人员和有关人员	观察值（人）	10	8	1	1	10	7	1	38
	占比（%）	26.3	21.1	2.6	2.6	26.3	18.4	2.6	100.0
经商、商贩、餐饮、家政、保洁、保安、装修、其他商业、服务业人员	观察值（人）	1200	389	72	27	500	642	3	2833
	占比（%）	42.4	13.7	2.5	1.0	17.7	22.7	0.1	100.0
农、林、牧、渔、水利业生产人员	观察值（人）	39	19	0	1	10	8	0	77
	占比（%）	50.7	24.7	0.0	1.3	13.0	10.4	0.0	100.0
生产、运输、建筑、其他生产运输设备操作人员及有关人员	观察值（人）	2451	636	66	15	329	626	5	4128
	占比（%）	59.4	15.4	1.6	0.4	8.0	15.2	0.1	100.0
无固定工作	观察值（人）	59	12	1	1	20	29	0	122
	占比（%）	48.4	9.8	0.8	0.8	16.4	23.8	0.0	100.0
其他	观察值（人）	37	4	0	1	8	10	0	60
	占比（%）	61.7	6.7	0.0	1.7	13.3	16.7	0.0	100.0
合计	观察值（人）	3957	1150	152	51	958	1413	10	7691
	占比（%）	51.5	15.0	2.0	0.7	12.5	18.4	0.1	100.0

商业、服务业人员打算回户籍地乡镇村、县镇建房购房的比例为42.4%和13.7%，打算在户籍地地级市或省会城市购房的比例仅为2.5%和1.0%；而打算在流入地购房的比例为17.7%。

生产、运输、建筑等人员打算回户籍地乡镇村、县镇建房购房的比例为59.4%和15.4%，打算在户籍地地级市或省会城市购房的比例仅为1.6%和0.4%；而打算在流入地购房的比例为8.0%。

（五）就业身份

跨省农业转移人口中，雇主在流入省份发展的意愿较强，而雇员回户籍省份发展的比例较高。

雇主和家庭帮工打算在流入地长期居住的比例分别为69.0%和69.2%，不打算在流入地长期居住的比例为31.0%和30.8%；自营劳动者打算在流入地长期居住的比例为64.1%，不打算长期居住的比例为35.9%；雇员打算在流入地长期居住的比例仅为42.6%，不打算长期居住的比例达57.4%。见附表2.17。

附表2.17　　　　跨省人口就业身份与居住意愿

就业身份		是否打算在本地长期居住		合　计
		是	否	
雇　员	观察值（人）	2363	3179	5542
	占比（%）	42.6	57.4	100.0
雇　主	观察值（人）	291	131	422
	占比（%）	69.0	31.0	100.0

续表

就业身份		是否打算在本地长期居住		合　计
		是	否	
自营劳动者	观察值（人）	970	543	1513
	占比（%）	64.1	35.9	100.0
家庭帮工	观察值（人）	148	66	214
	占比（%）	69.2	30.8	100.0
合　计	观察值（人）	3772	3919	7691
	占比（%）	49.0	51.0	100.0

雇主愿意把户口迁入流入地的比例为 58.3%，不愿意的比例为 41.7%；雇员意愿迁入户籍的比例最高，为 49.2%，不愿意的比例仅为 50.8%；自营劳动者愿意把户籍迁入流入地的比例为 56.8%，不愿意的比例为 43.2%。见附表 2.18。

附表 2.18　　　　跨省农业转移人口就业身份与迁户意愿

就业身份		是否愿意把户口迁入本地		合　计
		是	否	
雇　员	观察值（人）	2729	2813	5542
	占比（%）	49.2	50.8	100.0
雇　主	观察值（人）	246	176	422
	占比（%）	58.3	41.7	100.0
自营劳动者	观察值（人）	860	653	1513
	占比（%）	56.8	43.2	100.0
家庭帮工	观察值（人）	120	94	214
	占比（%）	56.1	43.9	100.0
合　计	观察值（人）	3955	3736	7691
	占比（%）	51.4	48.6	100.0

雇员打算回户籍地乡镇村、县镇建房购房的比例为 45.0% 和 19.3%，打算在户籍地地级市或省会城市购房的比例仅为 2.0% 和

0.9%；而打算在流入地购房的比例为13.8%。

雇主打算回户籍地乡镇村、县镇建房购房的比例为30.8%和12.6%，打算在户籍地地级市或省会城市购房的比例仅为1.4%和0.7%；而打算在流入地购房的比例为35.3%。

自营劳动者打算回户籍地乡镇村、县镇建房购房的比例为34.6%和12.3%，打算在户籍地地级市或省会城市购房的比例仅为1.6%和0.5%；而打算在流入地购房的比例为30.0%。见附表2.19。

附表2.19　　　　　跨省农业转移人口就业身份与购房建房意愿

就业身份		未来打算在哪里购房、建房							合计
		户籍地乡镇村	户籍地县镇	户籍地地级市	户籍地省会城市	本地	没有打算	其他	
雇员	观察值（人）	2496	1070	112	47	766	1016	35	5542
	占比（%）	45.0	19.3	2.0	0.9	13.8	18.3	0.6	100.0
雇主	观察值（人）	130	53	6	3	149	71	10	422
	占比（%）	30.8	12.6	1.4	0.7	35.3	16.8	2.4	100.0
自营劳动者	观察值（人）	524	186	24	7	454	307	11	1513
	占比（%）	34.6	12.3	1.6	0.5	30.0	20.3	0.7	100.0
家庭帮工	观察值（人）	65	34	3	1	61	48	2	214
	占比（%）	30.4	15.9	1.4	0.5	28.5	22.4	0.9	100.0
合计	观察值（人）	3215	1343	145	58	1430	1442	58	7691
	占比（%）	41.8	17.5	1.9	0.8	18.6	18.8	0.8	100.0

雇员打算回户籍地乡镇村、县镇养老的比例为54.2%和15.6%，打算在户籍地地级市或省会城市养老的比例仅为2.0%和0.6%；而打算在流入地养老的比例为9.9%。

雇主打算回户籍地乡镇村、县镇养老的比例为 40.3% 和 16.1%，打算在户籍地地级市或省会城市养老的比例仅为 2.1% 和 0.5%；而打算在流入地养老的比例为 22.5%。

自营劳动者打算回户籍地乡镇村、县镇养老的比例为 45.9% 和 12.6%，打算在户籍地地级市或省会城市养老的比例仅为 2.1% 和 0.6%；而打算在流入地养老的比例为 17.5%。见附表 2.20。

附表 2.20　　　跨省农业转移人口就业身份与养老意愿

就业身份		未来打算在哪里养老							合计
		户籍地乡镇村	户籍地县镇	户籍地地级市	户籍地省会城市	本地	没有打算	其他	
雇员	观察值（人）	3003	865	110	34	549	972	9	5542
	占比（%）	54.2	15.6	2.0	0.6	9.9	17.5	0.2	100.0
雇主	观察值（人）	170	68	9	2	95	78	0	422
	占比（%）	40.3	16.1	2.1	0.5	22.5	18.5	0.0	100.0
自营劳动者	观察值（人）	695	191	31	9	265	321	1	1513
	占比（%）	45.9	12.6	2.1	0.6	17.5	21.2	0.1	100.0
家庭帮工	观察值（人）	89	26	2	6	49	42	0	214
	占比（%）	41.6	12.2	0.9	2.8	22.9	19.6	0.0	100.0
合计	观察值（人）	3957	1150	152	51	958	1413	10	7691
	占比（%）	51.5	15.0	2.0	0.7	12.5	18.4	0.1	100.0

（六）收入水平

跨省农业转移人口中，收入水平越高，在流入省份发展的意愿越强；收入水平越低，回户籍省份发展的意愿越强。

2000 元及以下的农业转移人口打算在流入地长期居住的比例为 37.2%，不打算在流入地长期居住的比例为 62.8%；4001 ~ 6000 元农业转移人口打算在流入地长期居住的比例为 49.7%，不打算长期居住的比例为 50.3%；1 万元及以上农业转移人口打算在流入地长期居住的比例为 73.0%，不打算长期居住的比例达 27.1%。见附表 2.21。

附表 2.21　　　　　跨省农业转移人口收入水平与居住意愿

收入水平		是否打算在本地长期居住		合　计
		是	否	
2000 元及以下	观察值（人）	150	253	403
	占比（%）	37.2	62.8	100.0
2001 ~ 4000 元	观察值（人）	1020	1510	2530
	占比（%）	40.3	59.7	100.0
4001 ~ 6000 元	观察值（人）	1502	1521	3023
	占比（%）	49.7	50.3	100.0
6001 ~ 9999 元	观察值（人）	948	746	1694
	占比（%）	56.0	44.0	100.0
1 万元及以上	观察值（人）	561	208	769
	占比（%）	73.0	27.1	100.0
合　计	观察值（人）	4181	4238	8419
	占比（%）	49.7	50.3	100.0

2000 元及以下的农业转移人口愿意把户口迁入流入地的比例为 45.7%，不愿意的比例为 54.3%；4001 ~ 6000 元农业转移人口意愿迁入户籍的比例为 52.5%，不愿意的比例仅为 47.5%；1 万元及以上农业转移人口农业专业人口愿意把户籍迁入流入地的比例为 65%，不愿意的比例最高，为 35%。见附表 2.22。

附表 2.22　　　　跨省农业转移人口收入水平与迁户意愿

收入水平		是否愿意把户口迁入本地		合　计
		是	否	
2000 元及以下	观察值（人）	184	219	403
	占比（%）	45.7	54.3	100.0
2001 ~ 4000 元	观察值（人）	1139	1391	2530
	占比（%）	45.0	55.0	100.0
4001 ~ 6000 元	观察值（人）	1587	1436	3023
	占比（%）	52.5	47.5	100.0
6001 ~ 9999 元	观察值（人）	983	711	1694
	占比（%）	58.0	42.0	100.0
1 万元及以上	观察值（人）	500	269	769
	占比（%）	65.0	35.0	100.0
合　计	观察值（人）	4393	4026	8419
	占比（%）	52.2	47.8	100.0

2000 元及以下的农业转移人口打算回户籍地乡镇村、县镇建房购房的比例为 42.7% 和 18.1%，打算在户籍地地级市或省会城市购房的比例仅为 2.0% 和 0.3%；而打算在流入地购房的比例为 11.7%。

4001 ~ 6000 元农业转移人口打算回户籍地乡镇村、县镇建房购房的比例为 43.7% 和 17.4%，打算在户籍地地级市或省会城市购房的比例仅为 1.7% 和 0.4%；而打算在流入地购房的比例为 18.2%。

1 万元及以上农业转移人口打算回户籍地乡镇村、县镇建房购房的比例为 25.8% 和 11.4%，打算在户籍地地级市或省会城市购房的比例仅为 2.2% 和 1.0%；而打算在流入地购房的比例为

39.7%。见附表2.23。

附表2.23　　　跨省农业转移人口收入水平与购房建房意愿

收入水平		未来打算在哪里购房、建房							合计
		户籍地乡镇村	户籍地县镇	户籍地地级市	户籍地省会城市	本地	没有打算	其他	
2000元及以下	观察值（人）	172	73	8	1	47	101	1	403
	占比（%）	42.7	18.1	2.0	0.3	11.7	25.1	0.3	100.0
2001~4000元	观察值（人）	1129	457	43	25	305	560	11	2530
	占比（%）	44.6	18.1	1.7	1.0	12.1	22.1	0.4	100.0
4001~6000元	观察值（人）	1320	525	51	13	551	540	23	3023
	占比（%）	43.7	17.4	1.7	0.4	18.2	17.9	0.8	100.0
6001~9999元	观察值（人）	650	313	39	17	394	270	11	1694
	占比（%）	38.4	18.5	2.3	1.0	23.3	15.9	0.7	100.0
1万元及以上	观察值（人）	198	88	17	8	305	132	21	769
	占比（%）	25.8	11.4	2.2	1.0	39.7	17.2	2.7	100.0
合　计	观察值（人）	3469	1456	158	64	1602	1603	67	8419
	占比（%）	41.2	17.3	1.9	0.8	19.0	19.0	0.8	100.0

2000元及以下的农业转移人口打算回户籍地乡镇村、县镇养老的比例为51.9%和14.1%，打算在户籍地地级市或省会城市养老的比例仅为1.2%和0.3%；而打算在流入地养老的比例为8.9%。

4001~6000元农业转移人口打算回户籍地乡镇村、县镇养老的比例为52.7%和15.1%，打算在户籍地地级市或省会城市养老的比例仅为1.9%和0.4%；而打算在流入地养老的比例为12.3%。

1万元及以上农业转移人口打算回户籍地乡镇村、县镇建房养老的比例为38.5%和12.5%，打算在户籍地地级市或省会城市养老的比例仅为 2.9% 和 1.3%；而打算在流入地养老的比例为 25.4%。见附表 2.24。

附表 2.24　　　　　跨省农业转移人口收入水平与养老意愿

收入水平		未来打算在哪里养老							合计
		户籍地乡镇村	户籍地县镇	户籍地地级市	户籍地省会城市	本地	没有打算	其他	
2000 元及以下	观察值（人）	209	57	5	1	36	95	0	403
	占比（%）	51.9	14.1	1.2	0.3	8.9	23.6	0.0	100.0
2001～4000 元	观察值（人）	1360	380	45	20	190	531	4	2530
	占比（%）	53.8	15.0	1.8	0.8	7.5	21.0	0.2	100.0
4001～6000 元	观察值（人）	1593	457	56	12	372	528	5	3023
	占比（%）	52.7	15.1	1.9	0.4	12.3	17.5	0.2	100.0
6001～9999 元	观察值（人）	840	249	35	15	262	290	3	1694
	占比（%）	49.6	14.7	2.1	0.9	15.5	17.1	0.2	100.0
1 万元及以上	观察值（人）	296	96	22	10	195	148	2	769
	占比（%）	38.5	12.5	2.9	1.3	25.4	19.3	0.3	100.0
合　计	观察值（人）	4298	1239	163	58	1055	1592	14	8419
	占比（%）	51.1	14.7	1.9	0.7	12.5	18.9	0.2	100.0

（七）社会保障

没有医疗保险的跨省农业转移人口打算回户籍地乡镇村发展的比例较高，而有医疗保险的跨省农业转移人口愿意回户籍地县镇的比例更高。

没有医疗保险的农业转移人口打算在流入地长期居住的比例为 49.6%，不打算在流入地长期居住的比例为 50.4%；有医疗保险的农业转移人口打算在流入地长期居住的比例为 59.3%，不打算长期居住的比例为40.7%。见附表2.25。

附表2.25　　　　　跨省农业转移人口医疗保险与居住意愿

医疗保险		是否打算在本地长期居住		合　计
		是	否	
无	观察值（人）	3115	3162	6277
	占比（%）	49.6	50.4	100.0
有	观察值（人）	1302	893	2195
	占比（%）	59.3	40.7	100.0
合　计	观察值（人）	4417	4055	8472
	占比（%）	52.1	47.9	100.0

　　没有医疗保险的农业转移人口愿意把户口迁入流入地的比例为49.6%，不愿意的比例为50.4%；有医疗保险的农业转移人口意愿迁入户籍的比例最高，为59.3%，不愿意的比例仅为40.7%。见附表2.26。

附表2.26　　　　　跨省农业转移人口医疗保险与迁户意愿

医疗保险		是否愿意把户口迁入本地		合　计
		是	否	
无	观察值（人）	3115	3162	6277
	占比（%）	49.6	50.4	100.0
有	观察值（人）	1302	893	2195
	占比（%）	59.3	40.7	100.0
合　计	观察值（人）	4417	4055	8472
	占比（%）	52.1	47.9	100.0

　　没有医疗保险的农业转移人口打算回户籍地乡镇村、县镇建房购房的比例为43.6%和15.9%，打算在户籍地地级市或省会城

市购房的比例仅为 1.6% 和 0.6%；而打算在流入地购房的比例为 18.1%。

有医疗保险的农业转移人口打算回户籍地乡镇村、县镇建房购房的比例为 33.9% 和 21.1%，打算在户籍地地级市或省会城市购房的比例仅为 2.6% 和 1.1%；而打算在流入地购房的比例为 21.7%。见附表 2.27。

附表 2.27　　跨省农业转移人口医疗保险与购房建房意愿

医疗保险		未来打算在哪里购房、建房							合计
		户籍地乡镇村	户籍地县镇	户籍地地级市	户籍地省会城市	本地	没有打算	其他	
无	观察值（人）	2739	998	101	39	1138	1211	51	6277
	占比（%）	43.6	15.9	1.6	0.6	18.1	19.3	0.8	100.0
有	观察值（人）	744	464	57	25	477	412	16	2195
	占比（%）	33.9	21.1	2.6	1.1	21.7	18.8	0.7	100.0
合计	观察值（人）	3483	1462	158	64	1615	1623	67	8472
	占比（%）	41.1	17.3	1.9	0.8	19.1	19.2	0.8	100.0

没有医疗保险的农业转移人口打算回户籍地乡镇村、县镇养老的比例为 53.5% 和 13.4%，打算在户籍地地级市或省会城市养老的比例仅为 1.8% 和 0.7%；而打算在流入地养老的比例为 11.2%。

有医疗保险的农业转移人口打算回户籍地乡镇村、县镇养老的比例为 43.6% 和 18.5%，打算在户籍地地级市或省会城市养老的比例仅为 2.2% 和 0.7%；而打算在流入地养老的比例为 16.3%。见附表 2.28。

附表 2.28　　　跨省农业转移人口医疗保险与养老意愿

医疗保险		未来打算在哪里养老							合计
		户籍地乡镇村	户籍地县镇	户籍地地级市	户籍地省会城市	本地	没有打算	其他	
无	观察值（人）	3356	839	114	42	703	1214	9	6277
	占比（%）	53.5	13.4	1.8	0.7	11.2	19.3	0.1	100.0
有	观察值（人）	958	407	49	16	357	403	5	2195
	占比（%）	43.6	18.5	2.2	0.7	16.3	18.4	0.2	100.0
合　计	观察值（人）	4314	1246	163	58	1060	1617	14	8472
	占比（%）	50.9	14.7	1.9	0.7	12.5	19.1	0.2	100.0

二、省内跨市人口发展意愿的影响因素分析

（一）年龄因素

省内跨市农业转移人口中，"80 后"在流入市发展的意愿最强，第一代人口回户籍市发展的比例相对更高。

第一代农业转移人口打算在流入地长期居住的比例为 60.0%，不打算在流入地长期居住的比例为 40.0%；"80 后"农业转移人口打算在流入地长期居住的比例为 63.3%，不打算长期居住的比例为 36.7%；"90 后"农业转移人口打算在流入地长期居住的比例仅为 52.9%，不打算长期居住的比例达 47.1%。见附表 2.29。

第一代农业转移人口愿意把户口迁入流入地的比例为 50.8%，不愿意的比例为 49.2%；"80 后"农业转移人口意愿迁入户籍的比例最高，为 58.4%，不愿意的比例仅为 41.6%；90 后农业转移

人口愿意把户籍迁入流入地的比例最低，仅为52.1%，不愿意的比例最高，为47.9%。见附表2.30。

附表2.29　　省内跨市农业转移人口年龄差异与居住意愿

年龄差异		是否打算在本地长期居住		合　计
		是	否	
第一代	观察值（人）	1439	958	2397
	占比（%）	60.0	40.0	100.0
"80后"	观察值（人）	1277	739	2016
	占比（%）	63.3	36.7	100.0
"90后"	观察值（人）	373	332	705
	占比（%）	52.9	47.1	100.0
合　计	观察值（人）	3089	2029	5118
	占比（%）	60.4	39.6	100.0

附表2.30　　省内跨市农业转移人口年龄差异与迁户意愿

年龄差异		是否愿意把户口迁入本地		合　计
		是	否	
第一代	观察值（人）	1218	1179	2397
	占比（%）	50.8	49.2	100.0
"80后"	观察值（人）	1178	838	2016
	占比（%）	58.4	41.6	100.0
"90后"	观察值（人）	367	338	705
	占比（%）	52.1	47.9	100.0
合　计	观察值（人）	2763	2355	5118
	占比（%）	54.0	46.0	100.0

第一代农业转移人口打算回户籍地乡镇村、县镇建房购房的比例为32.7%和12.7%，打算在户籍地地级市或省会城市购房的比例仅为0.8%和0.3%；而打算在流入地购房的比例为31.7%。

"80后"农业转移人口打算回户籍地乡镇村、县镇建房购房的比例为25.6%和15.7%，打算在户籍地地级市或省会城市购房的比例仅为2.0%和0.7%；而打算在流入地购房的比例为34.7%。

"90后"农业转移人口打算回户籍地乡镇村、县镇建房购房的比例为25.0%和13.2%，打算在户籍地地级市或省会城市购房的比例仅为2.0%和0.6%；而打算在流入地购房的比例为23.7%。见附表2.31。

附表2.31　　省内跨市农业转移人口年龄差异与购房建房意愿

年龄差异		未来打算在哪里购房、建房							合计
		户籍地乡镇村	户籍地县镇	户籍地地级市	户籍地省会城市	本地	没有打算	其他	
第一代	观察值（人）	783	304	19	7	759	488	37	2397
	占比（%）	32.7	12.7	0.8	0.3	31.7	20.4	1.5	100.0
"80后"	观察值（人）	516	317	40	14	699	408	22	2016
	占比（%）	25.6	15.7	2.0	0.7	34.7	20.2	1.1	100.0
"90后"	观察值（人）	176	93	14	4	167	243	8	705
	占比（%）	25.0	13.2	2.0	0.6	23.7	34.5	1.1	100.0
合　计	观察值（人）	1475	714	73	25	1625	1139	67	5118
	占比（%）	28.8	14.0	1.4	0.5	31.8	22.3	1.3	100.0

第一代农业转移人口打算回户籍地乡镇村、县镇养老的比例为48.2%和11.6%，打算在户籍地地级市或省会城市养老的比例仅为1.2%和0.3%；而打算在流入地养老的比例为20.4%。

"80后"农业转移人口打算回户籍地乡镇村、县镇养老的比例为35.3%和13.2%，打算在户籍地地级市或省会城市养老的比例仅为2.4%和0.6%；而打算在流入地养老的比例为23.3%。

"90后"农业转移人口打算回户籍地乡镇村、县镇养老的比例为31.4%和10.9%，打算在户籍地地级市或省会城市养老的比例仅为2.6%和0.7%；而打算在流入地养老的比例为15.2%。见附表2.32。

附表2.32　　　　省内跨市农业转移人口年龄差异与养老意愿

年龄差异		未来打算在哪里养老							合计
		户籍地乡镇村	户籍地县镇	户籍地地级市	户籍地省会城市	本地	没有打算	其他	
第一代	观察值（人）	1155	278	29	8	488	434	5	2397
	占比（%）	48.2	11.6	1.2	0.3	20.4	18.1	0.2	100.0
"80后"	观察值（人）	712	266	49	11	469	506	3	2016
	占比（%）	35.3	13.2	2.4	0.6	23.3	25.1	0.2	100.0
"90后"	观察值（人）	221	77	18	5	107	277	0	705
	占比（%）	31.4	10.9	2.6	0.7	15.2	39.3	0.0	100.0
合　计	观察值（人）	2088	621	96	24	1064	1217	8	5118
	占比（%）	40.8	12.1	1.9	0.5	20.8	23.8	0.2	100.0

（二）教育因素

省内跨市农业转移人口中，教育程度越高，在流入市市民化的意愿越强；教育程度越低，在户籍市市民化的意愿越强。

小学及以下教育程度农业转移人口打算在流入地长期居住的比例为53.3%，不打算在流入地长期居住的比例为46.7%；初中教育程度农业转移人口打算在流入地长期居住的比例为59.5%，不打算长期居住的比例为40.5%；高中教育程度农业转移人口打算在流入地长期居住的比例为60.3%，不打算长期居住的比例达39.7%。大学专科及以上教育程度农业转移人口打算在流入地长期居住的比例为 74.1%，不打算长期居住的比例达 25.9%。见附表 2.33。

附表 2.33　　　　省内跨市农业转移人口教育程度与居住意愿

教育程度		是否打算在本地长期居住		合　计
		是	否	
小学及以下	观察值（人）	236	207	443
	占比（%）	53.3	46.7	100.0
初中	观察值（人）	1699	1155	2854
	占比（%）	59.5	40.5	100.0
高中/中专	观察值（人）	851	561	1412
	占比（%）	60.3	39.7	100.0
大学专科及以上	观察值（人）	303	106	409
	占比（%）	74.1	25.9	100.0
合　计	观察值（人）	3089	2029	5118
	占比（%）	60.4	39.6	100.0

小学及以下教育程度农业转移人口愿意把户口迁入流入地的比例为 47.0%，不愿意迁移户籍的比例为 53.1%；初中教育程度农业转移人口愿意迁户的比例为 52.7%，不愿意迁户的比例为 47.3%；高中教育程度农业转移人口愿意迁户的比例为 56.0%，不打算迁移户籍的比例为 44.0%。大学专科及以上教育程度农业转移人口愿意迁户的比例为 63.8%，不打算迁移户籍的比例为 36.2%。见附表 2.34。

小学及以下教育程度农业转移人口打算回户籍地乡镇村、县镇建房购房的比例为 39.1% 和 15.4%，打算在户籍地地级市或省会城市购房的比例仅为 0.5% 和 0.2%；而打算在流入地购房的比

附表 2.34　　　　省内跨市农业转移人口教育程度与迁户意愿

教育程度		是否愿意把户口迁入本地		合　计
		是	否	
小学及以下	观察值（人）	208	235	443
	占比（%）	47.0	53.1	100.0
初中	观察值（人）	1503	1351	2854
	占比（%）	52.7	47.3	100.0
高中/中专	观察值（人）	791	621	1412
	占比（%）	56.0	44.0	100.0
大学专科及以上	观察值（人）	261	148	409
	占比（%）	63.8	36.2	100.0
合　计	观察值（人）	2763	2355	5118
	占比（%）	54.0	46.0	100.0

例为21.4%。初中教育程度农业转移人口打算回户籍地乡镇村、县镇建房购房的比例为31.2%和14.6%，打算在户籍地地级市或省会城市购房的比例仅为1.5%和0.5%；而打算在流入地购房的比例为29.9%。高中教育程度农业转移人口打算回户籍地乡镇村、县镇建房购房的比例为25.8%和13.7%，打算在户籍地地级市或省会城市购房的比例仅为1.6%和0.4%；而打算在流入地购房的比例为33.3%。大学专科及以上教育程度农业转移人口打算回户籍地乡镇村、县镇建房购房的比例为11.7%和8.8%，打算在户籍地地级市或省会城市购房的比例仅为1.7%和1.0%；而打算在流入地购房的比例为50.9%。见附表2.35。

小学及以下教育程度农业转移人口打算回户籍地乡镇村、县镇养老的比例为57.8%和10.8%，打算在户籍地地级市或省会城市养老的比例仅为1.8%和0.7%；而打算在流入地养老的比例为

附表 2.35　　省内跨市农业转移人口教育程度与购房建房意愿

教育程度		未来打算在哪里购房、建房							合计
		户籍地乡镇村	户籍地县镇	户籍地地级市	户籍地省会城市	本地	没有打算	其他	
小学及以下	观察值（人）	173	68	2	1	95	100	4	443
	占比（%）	39.1	15.4	0.5	0.2	21.4	22.6	0.9	100.0
初中	观察值（人）	890	417	42	15	852	599	39	2854
	占比（%）	31.2	14.6	1.5	0.5	29.9	21.0	1.4	100.0
高中/中专	观察值（人）	364	193	22	5	470	344	14	1412
	占比（%）	25.8	13.7	1.6	0.4	33.3	24.4	1.0	100.0
大学专科及以上	观察值（人）	48	36	7	4	208	96	10	409
	占比（%）	11.7	8.8	1.7	1.0	50.9	23.5	2.4	100.0
合　计	观察值（人）	1475	714	73	25	1625	1139	67	5118
	占比（%）	28.8	14.0	1.4	0.5	31.8	22.3	1.3	100.0

13.3%。初中教育程度农业转移人口打算回户籍地乡镇村、县镇养老的比例为43.9%和12.8%，打算在户籍地地级市或省会城市养老的比例仅为1.9%和0.4%；而打算在流入地养老的比例为19.7%。高中教育程度农业转移人口打算回户籍地乡镇村、县镇养老的比例为35.3%和12.0%，打算在户籍地地级市或省会城市养老的比例仅为2.2%和0.4%；而打算在流入地养老的比例为22%。大学专科及以上教育程度农业转移人口打算回户籍地乡镇村、县镇建房养老的比例为19.8%和9.8%，打算在户籍地地级市或省会城市养老的比例仅为1.0%和0.7%；而打算在流入地养老的比例为32.8%。见附表2.36。

附表 2.36　　　　　省内跨市农业转移人口教育程度与养老意愿

教育程度		未来打算在哪里养老							合计
		户籍地乡镇村	户籍地县镇	户籍地地级市	户籍地省会城市	本地	没有打算	其他	
小学及以下	观察值（人）	256	48	8	3	59	69	0	443
	占比（%）	57.8	10.8	1.8	0.7	13.3	15.6	0.0	100.0
初中	观察值（人）	1253	364	53	12	561	608	3	2854
	占比（%）	43.9	12.8	1.9	0.4	19.7	21.3	0.1	100.0
高中/中专	观察值（人）	498	169	31	6	310	395	3	1412
	占比（%）	35.3	12.0	2.2	0.4	22.0	28.0	0.2	100.0
大学专科及以上	观察值（人）	81	40	4	3	134	145	2	409
	占比（%）	19.8	9.8	1.0	0.7	32.8	35.5	0.5	100.0
合　计	观察值（人）	2088	621	96	24	1064	1217	8	5118
	占比（%）	40.8	12.1	1.9	0.5	20.8	23.8	0.2	100.0

（三）流入时间

省内跨市农业转移人口中，流入时间越长，在流入市发展意愿越强；而流入时间越短，回户籍市发展的意愿越强。

1 年及以下农业转移人口打算在流入地长期居住的比例为 47.8%，不打算在流入地长期居住的比例为 52.2%；3~5 年农业转移人口打算在流入地长期居住的比例为 65.8%，不打算长期居住的比例为 34.2%；10 年以上农业转移人口打算在流入地长期居住的比例为 71.9%，不打算长期居住的比例达 28.1%。见附表 2.37。

1 年及以下农业转移人口愿意把户籍迁入流入地的比例为

附表 2.37　　　省内跨市人口农业转移流入时间与居住意愿

流入时间		是否打算在本地长期居住		合　计
		是	否	
1 年及以下	观察值（人）	527	575	1102
	占比（%）	47.8	52.2	100.0
1~3 年	观察值（人）	922	662	1584
	占比（%）	58.2	41.8	100.0
3~5 年	观察值（人）	606	315	921
	占比（%）	65.8	34.2	100.0
5~10 年	观察值（人）	614	313	927
	占比（%）	66.2	33.8	100.0
10 年以上	观察值（人）	420	164	584
	占比（%）	71.9	28.1	100.0
合　计	观察值（人）	3089	2029	5118
	占比（%）	60.4	39.6	100.0

46.1%，不愿意迁移户籍的比例为 53.9%；3~5 年农业转移人口愿意把户籍迁入流入地的比例为 54.0%，不愿意迁移户籍的比例为 46.0%；10 年以上农业转移人口愿意把户籍迁入流入地的比例为 61.0%，不愿意迁移户籍的比例达 39.0%。

附表 2.38　　　省内跨市农业转移人口流入时间与迁户意愿

流入时间		是否愿意把户口迁入本地		合　计
		是	否	
1 年及以下	观察值（人）	508	594	1102
	占比（%）	46.1	53.9	100.0
1~3 年	观察值（人）	863	721	1584
	占比（%）	54.5	45.5	100.0
3~5 年	观察值（人）	497	424	921
	占比（%）	54.0	46.0	100.0

续表

流入时间		是否愿意把户口迁入本地		合　计
		是	否	
5～10 年	观察值（人）	539	388	927
	占比（%）	58.1	41.9	100.0
10 年以上	观察值（人）	356	228	584
	占比（%）	61.0	39.0	100.0
合　计	观察值（人）	2763	2355	5118
	占比（%）	54.0	46.0	100.0

　　1 年及以下农业转移人口打算回户籍地乡镇村、县镇建房购房的比例为 32.9% 和 16.3%，打算在户籍地地级市或省会城市购房的比例仅为 2.6% 和 0.3%；而打算在流入地购房的比例为 22.0%。3～5 年农业转移人口打算回户籍地乡镇村、县镇建房购房的比例为 26.0% 和 13.7%，打算在户籍地地级市或省会城市购房的比例仅为 1.2% 和 0.9%；而打算在流入地购房的比例为 35.7%。10 年以上农业转移人口打算回户籍地乡镇村、县镇建房购房的比例为 23.6% 和 12.5%，打算在户籍地地级市或省会城市购房的比例仅为 1.0% 和 0.2%；而打算在流入地购房的比例为 42.3%。见附表 2.39。

　　1 年及以下农业转移人口打算回户籍地乡镇村、县镇养老的比例为 44.5% 和 13.0%，打算在户籍地地级市或省会城市养老的比例仅为 2.6% 和 0.5%；而打算在流入地养老的比例为 13.3%。3～5 年农业转移人口打算回户籍地乡镇村、县镇养老的比例为 39.1% 和 14.4%，打算在户籍地地级市或省会城市养老的比例仅为 1.3%

附表 2.39　　　省内跨市农业转移人口流入时间与购房建房意愿

流入时间		未来打算在哪里购房、建房							合计
		户籍地乡镇村	户籍地县镇	户籍地地级市	户籍地省会城市	本地	没有打算	其他	
1 年及以下	观察值（人）	362	180	29	3	242	276	10	1102
	占比（%）	32.9	16.3	2.6	0.3	22.0	25.1	0.9	100.0
1~3 年	观察值（人）	466	205	19	8	478	388	20	1584
	占比（%）	29.4	12.9	1.2	0.5	30.2	24.5	1.3	100.0
3~5 年	观察值（人）	239	126	11	8	329	196	12	921
	占比（%）	26.0	13.7	1.2	0.9	35.7	21.3	1.3	100.0
5~10 年	观察值（人）	270	130	8	5	329	177	8	927
	占比（%）	29.1	14.0	0.9	0.5	35.5	19.1	0.9	100.0
10 年以上	观察值（人）	138	73	6	1	247	102	17	584
	占比（%）	23.6	12.5	1.0	0.2	42.3	17.5	2.9	100.0
合　计	观察值（人）	1475	714	73	25	1625	1139	67	5118
	占比（%）	28.8	14.0	1.4	0.5	31.8	22.3	1.3	100.0

和 0.3%；而打算在流入地养老的比例为 22.4%。10 年以上农业转移人口打算回户籍地乡镇村、县镇养老的比例为 37.7% 和 9.6%，打算在户籍地地级市或省会城市养老的比例仅为 1.2% 和 0.7%；而打算在流入地养老的比例为 31.0%。见附表 2.40。

附表 2.40　　　省内跨市农业转移人口流入时间与养老意愿

流入时间		未来打算在哪里养老							合计
		户籍地乡镇村	户籍地县镇	户籍地地级市	户籍地省会城市	本地	没有打算	其他	
1 年及以下	观察值（人）	490	143	29	6	147	285	2	1102
	占比（%）	44.5	13.0	2.6	0.5	13.3	25.9	0.2	100.0
1~3 年	观察值（人）	620	178	35	8	331	411	1	1584
	占比（%）	39.1	11.2	2.2	0.5	20.9	26.0	0.1	100.0

流入时间		未来打算在哪里养老							合计
		户籍地乡镇村	户籍地县镇	户籍地地级市	户籍地省会城市	本地	没有打算	其他	
3~5年	观察值（人）	360	133	12	3	206	206	1	921
	占比（%）	39.1	14.4	1.3	0.3	22.4	22.4	0.1	100.0
5~10年	观察值（人）	398	111	13	3	199	203	0	927
	占比（%）	42.9	12.0	1.4	0.3	21.5	21.9	0.0	100.0
10年以上	观察值（人）	220	56	7	4	181	112	4	584
	占比（%）	37.7	9.6	1.2	0.7	31.0	19.2	0.7	100.0
合　计	观察值（人）	2088	621	96	24	1064	1217	8	5118
	占比（%）	40.8	12.1	1.9	0.5	20.8	23.8	0.2	100.0

（四）职业因素

省内跨市的农业转移人口中，商业、服务业人员在流入市发展的意愿较强，而生产、运输、建筑等人员回户籍市发展的比例较高。

商业、服务业人员打算在流入地长期居住的比例达 62.0%，不打算在流入地长期居住的比例为 38.0%；而生产、运输、建筑等人员打算在流入地长期居住的比例达 48.7%，不打算在流入地长期居住的比例为 51.3%。见附表 2.41。

专业技术人员愿意把户口迁入流入地的比例为 60.6%，没有迁户意愿的比例为 39.4%；商业、服务业人员愿意把户口迁入流入地的比例为 53.1%，没有迁户意愿的比例为 46.9%；而生产、运输、建筑等人员愿意把户口迁入流入地的比例为 49.9%，没有迁户意愿的比例为 50.1%。见附表 2.42。

附表 2.41　　　　省内跨市农业转移人口职业类型与居住意愿

职业类型		是否打算在本地长期居住		合　计
		是	否	
国家机关、党群组织、企事业单位负责人	观察值（人）	9	2	11
	占比（％）	81.8	18.2	100.0
专业技术人员	观察值（人）	172	77	249
	占比（％）	69.1	30.9	100.0
公务员、办事人员和有关人员	观察值（人）	27	8	35
	占比（％）	77.1	22.9	100.0
经商、商贩、餐饮、家政、保洁、保安、装修、其他商业、服务业人员	观察值（人）	1850	1135	2985
	占比（％）	62.0	38.0	100.0
农、林、牧、渔、水利业生产人员	观察值（人）	33	17	50
	占比（％）	66.0	34.0	100.0
生产、运输、建筑、其他生产运输设备操作人员及有关人员	观察值（人）	549	578	1127
	占比（％）	48.7	51.3	100.0
无固定工作	观察值（人）	51	44	95
	占比（％）	53.7	46.3	100.0
其　他	观察值（人）	46	15	61
	占比（％）	75.4	24.6	100.0
合　计	观察值（人）	2737	1876	4613
	占比（％）	59.3	40.7	100.0

附表 2.42　　　　省内跨市农业转移人口职业类型与迁户意愿

职业类型		是否愿意把户口迁入本地		合　计
		是	否	
国家机关、党群组织、企事业单位负责人	观察值（人）	7	4	11
	占比（％）	63.6	36.4	100.0
专业技术人员	观察值（人）	151	98	249
	占比（％）	60.6	39.4	100.0
公务员、办事人员和有关人员	观察值（人）	26	9	35
	占比（％）	74.3	25.7	100.0

续表

| 职业类型 | | 是否愿意把户口迁入本地 | | 合 计 |
		是	否	
经商、商贩、餐饮、家政、保洁、保安、装修、其他商业、服务业人员	观察值（人）	1586	1399	2985
	占比（%）	53.1	46.9	100.0
农、林、牧、渔、水利业生产人员	观察值（人）	27	23	50
	占比（%）	54.0	46.0	100.0
生产、运输、建筑、其他生产运输设备操作人员及有关人员	观察值（人）	562	565	1127
	占比（%）	49.9	50.1	100.0
无固定工作	观察值（人）	51	44	95
	占比（%）	53.7	46.3	100.0
其 他	观察值（人）	37	24	61
	占比（%）	60.7	39.3	100.0
合 计	观察值（人）	2447	2166	4613
	占比（%）	53.1	47.0	100.0

专业技术人员打算回户籍地乡镇村、县镇建房购房的比例为19.7%和16.9%，打算在户籍地地级市或省会城市购房的比例仅为2.0%和0.4%；而打算在流入地购房的比例为42.6%。商业、服务业人员打算回户籍地乡镇村、县镇建房购房的比例为28.0%和11.8%，打算在户籍地地级市或省会城市购房的比例仅为1.4%和0.6%；而打算在流入地购房的比例为34.8%。生产、运输、建筑等人员打算回户籍地乡镇村、县镇建房购房的比例为37.0%和20.7%，打算在户籍地地级市或省会城市购房的比例仅为1.4%和0.4%；而打算在流入地购房的比例为21.5%。见附表2.43。

附表2.43　省内跨市农业转移人口职业类型与购房建房意愿

职业类型		未来打算在哪里购房、建房							合计
		户籍地乡镇村	户籍地县镇	户籍地地级市	户籍地省会城市	本地	没有打算	其他	
国家机关、党群组织、企事业单位负责人	观察值（人）	4	1	0	0	4	2	0	11
	占比（%）	36.4	9.1	0.0	0.0	36.4	18.2	0.0	100.0
专业技术人员	观察值（人）	49	42	5	1	106	43	3	249
	占比（%）	19.7	16.9	2.0	0.4	42.6	17.3	1.2	100.0
公务员、办事人员和有关人员	观察值（人）	2	4	0	1	20	8	0	35
	占比（%）	5.7	11.4	0.0	2.9	57.1	22.9	0.0	100.0
经商、商贩、餐饮、家政、保洁、保安、装修、其他商业、服务业人员	观察值（人）	836	353	43	17	1038	664	34	2985
	占比（%）	28.0	11.8	1.4	0.6	34.8	22.2	1.1	100.0
农、林、牧、渔、水利业生产人员	观察值（人）	16	7	0	0	17	8	2	50
	占比（%）	32.0	14.0	0.0	0.0	34.0	16.0	4.0	100.0
生产、运输、建筑、其他生产运输设备操作人员及有关人员	观察值（人）	417	233	16	4	242	196	19	1127
	占比（%）	37.0	20.7	1.4	0.4	21.5	17.4	1.7	100.0
无固定工作	观察值（人）	24	10	0	0	21	40	0	95
	占比（%）	25.3	10.5	0.0	0.0	22.1	42.1	0.0	100.0

续表

职业类型		未来打算在哪里购房、建房							合计
		户籍地乡镇村	户籍地县镇	户籍地地级市	户籍地省会城市	本地	没有打算	其他	
其 他	观察值（人）	13	8	0	0	20	19	1	61
	占比（%）	21.3	13.1	0.0	0.0	32.8	31.2	1.6	100.0
合 计	观察值（人）	1361	658	64	23	1468	980	59	4613
	占比（%）	29.5	14.3	1.4	0.5	31.8	21.2	1.3	100.0

专业技术人员打算回户籍地乡镇村、县镇建房购房的比例为35.3%和12.1%，打算在户籍地地级市或省会城市购房的比例仅为1.6%和0.8%；而打算在流入地购房的比例为26.5%。商业、服务业人员打算回户籍地乡镇村、县镇建房购房的比例为39.2%和11.2%，打算在户籍地地级市或省会城市购房的比例仅为2.2%和0.4%；而打算在流入地购房的比例为22.3%。生产、运输、建筑等人员打算回户籍地乡镇村、县镇建房购房的比例为49.2%和16.2%，打算在户籍地地级市或省会城市购房的比例仅为1.2%和0.5%；而打算在流入地购房的比例为15.0%。见附表2.44。

（五）就业身份

总体来看，省内跨市农业转移人口中，雇主在流入市发展的意愿较强，而雇员回户籍市发展的比例较高。但雇员愿意把户口迁入流入地的比例要高于雇主。

附表 2.44　　省内跨市农业转移人口职业类型与养老意愿

职业类型		未来打算在哪里养老							合计
		户籍地乡镇村	户籍地县镇	户籍地地级市	户籍地省会城市	本地	没有打算	其他	
国家机关、党群组织、企事业单位负责人	观察值（人）	3	0	0	0	4	4	0	11
	占比（%）	27.3	0.0	0.0	0.0	36.4	36.4	0.0	100.0
专业技术人员	观察值（人）	88	30	4	2	66	59	0	249
	占比（%）	35.3	12.1	1.6	0.8	26.5	23.7	0.0	100.0
公务员、办事人员和有关人员	观察值（人）	4	4	0	0	18	9	0	35
	占比（%）	11.4	11.4	0.0	0.0	51.4	25.7	0.0	100.0
经商、商贩、餐饮、家政、保洁、保安、装修、其他商业、服务业人员	观察值（人）	1171	333	67	13	666	730	5	2985
	占比（%）	39.2	11.2	2.2	0.4	22.3	24.5	0.2	100.0
农、林、牧、渔、水利业生产人员	观察值（人）	29	6	0	0	9	6	0	50
	占比（%）	58.0	12.0	0.0	0.0	18.0	12.0	0.0	100.0
生产、运输、建筑、其他生产运输设备操作人员及有关人员	观察值（人）	554	183	14	6	169	199	2	1127
	占比（%）	49.2	16.2	1.2	0.5	15.0	17.7	0.2	100.0
无固定工作	观察值（人）	32	13	0	0	19	31	0	95
	占比（%）	33.7	13.7	0.0	0.0	20.0	32.6	0.0	100.0

续表

职业类型		未来打算在哪里养老							合计
		户籍地乡镇村	户籍地县镇	户籍地地级市	户籍地省会城市	本地	没有打算	其他	
其 他	观察值（人）	22	6	0	1	10	21	1	61
	占比（%）	36.1	9.8	0.0	1.6	16.4	34.4	1.6	100.0
合 计	观察值（人）	1903	575	85	22	961	1059	8	4613
	占比（%）	41.3	12.5	1.8	0.5	20.8	23.0	0.2	100.0

雇主和家庭帮工打算在流入地长期居住的比例分别为 64.4%和 66.9%，不打算在流入地长期居住的比例为 35.6% 和 33.1%；自营劳动者打算在流入地长期居住的比例为 65.8%，不打算长期居住的比例为 34.2%；雇员打算在流入地长期居住的比例仅为 53.6%，不打算长期居住的比例达 46.4%。见附表 2.45。

附表 2.45　　省内跨市农业转移人口就业身份与居住意愿

就业身份		是否打算在本地长期居住		合 计
		是	否	
雇 员	观察值（人）	1299	1124	2423
	占比（%）	53.6	46.4	100.0
雇 主	观察值（人）	239	132	371
	占比（%）	64.4	35.6	100.0
自营劳动者	观察值（人）	1098	570	1668
	占比（%）	65.8	34.2	100.0
家庭帮工	观察值（人）	101	50	151
	占比（%）	66.9	33.1	100.0

续表

就业身份		是否打算在本地长期居住		合　计
		是	否	
合　计	观察值（人）	2737	1876	4613
	占比（%）	59.3	40.7	100.0

雇主愿意把户口迁入流入地的比例为51.2%，不愿意的比例为48.8%；雇员意愿迁入户籍的比例最高，为53.2%，不愿意的比例仅为46.8%；自营劳动者愿意把户籍迁入流入地的比例为52.8%，不愿意的比例为47.2%。见附表2.46。

附表2.46　　省内跨市农业转移人口就业身份与迁户意愿

就业身份		是否愿意把户口迁入本地		合　计
		是	否	
雇　员	观察值（人）	1289	1134	2423
	占比（%）	53.2	46.8	100.0
雇　主	观察值（人）	190	181	371
	占比（%）	51.2	48.8	100.0
自营劳动者	观察值（人）	881	787	1668
	占比（%）	52.8	47.2	100.0
家庭帮工	观察值（人）	87	64	151
	占比（%）	57.6	42.4	100.0
合　计	观察值（人）	2447	2166	4613
	占比（%）	53.1	47.0	100.0

雇员打算回户籍地乡镇村、县镇建房购房的比例为31.2%和17.4%，打算在户籍地地级市或省会城市购房的比例仅为1.4%和0.5%；而打算在流入地购房的比例为27.0%。

雇主打算回户籍地乡镇村、县镇建房购房的比例为28.0%和8.9%，打算在户籍地地级市或省会城市购房的比例仅为1.9%和

1.6%；而打算在流入地购房的比例为41.0%。

自营劳动者打算回户籍地乡镇村、县镇建房购房的比例为27.9%和11.4%，打算在户籍地地级市或省会城市购房的比例仅为1.2%和0.3%；而打算在流入地购房的比例为35.8%。见附表2.47。

附表2.47　　　省内跨市农业转移人口就业身份与购房建房意愿

就业身份		未来打算在哪里购房、建房							合计
		户籍地乡镇村	户籍地县镇	户籍地地级市	户籍地省会城市	本地	没有打算	其他	
雇员	观察值（人）	755	422	33	11	654	520	28	2423
	占比（%）	31.2	17.4	1.4	0.5	27.0	21.5	1.2	100.0
雇主	观察值（人）	104	33	7	6	152	63	6	371
	占比（%）	28.0	8.9	1.9	1.6	41.0	17.0	1.6	100.0
自营劳动者	观察值（人）	465	190	20	5	597	367	24	1668
	占比（%）	27.9	11.4	1.2	0.3	35.8	22.0	1.4	100.0
家庭帮工	观察值（人）	37	13	4	1	65	30	1	151
	占比（%）	24.5	8.6	2.7	0.7	43.1	19.9	0.7	100.0
合计	观察值（人）	1361	658	64	23	1468	980	59	4613
	占比（%）	29.5	14.3	1.4	0.5	31.8	21.2	1.3	100.0

雇员打算回户籍地乡镇村、县镇养老的比例为41.9%和13.9%，打算在户籍地地级市或省会城市养老的比例仅为1.7%和0.5%；而打算在流入地养老的比例为18.5%。雇主打算回户籍地乡镇村、县镇养老的比例为35.3%和13.8%，打算在户籍地地级市或省会城市养老的比例仅为2.4%和1.1%；而打算在流入地养老的比例为28.0%。自营劳动者打算回户籍地乡镇村、县镇养老

的比例为 41.8% 和 10.6%，打算在户籍地地级市或省会城市养老的比例仅为 2.0% 和 0.4%；而打算在流入地养老的比例为 22.4%。见附表 2.48。

附表 2.48　　　省内跨市农业转移人口就业身份与养老意愿

就业身份		未来打算在哪里养老							合计
		户籍地乡镇村	户籍地县镇	户籍地地级市	户籍地省会城市	本地	没有打算	其他	
雇员	观察值（人）	1015	336	40	11	448	568	5	2423
	占比（%）	41.9	13.9	1.7	0.5	18.5	23.4	0.2	100.0
雇主	观察值（人）	131	51	9	4	104	70	2	371
	占比（%）	35.3	13.8	2.4	1.1	28.0	18.9	0.5	100.0
自营劳动者	观察值（人）	697	177	34	7	374	378	1	1668
	占比（%）	41.8	10.6	2.0	0.4	22.4	22.7	0.1	100.0
家庭帮工	观察值（人）	60	11	2	0	35	43	0	151
	占比（%）	39.7	7.3	1.3	0.0	23.2	28.5	0.0	100.0
合计	观察值（人）	1903	575	85	22	961	1059	8	4613
	占比（%）	41.3	12.5	1.8	0.5	20.8	23.0	0.2	100.0

（六）收入水平

总体来看，省内跨市农业转移人口中，收入水平越高，在流入市发展的意愿越强；收入水平越低，回户籍市发展的意愿越强。特别是从购房建房意愿和养老意愿来看，万元收入是一条明显的分界线。

2000 元及以下的农业转移人口打算在流入地长期居住的比例为 45.2%，不打算在流入地长期居住的比例为 54.8%；4001 ~

6000 元农业转移人口打算在流入地长期居住的比例为 62.4%，不打算长期居住的比例为 37.6%；1 万元及以上农业转移人口打算在流入地长期居住的比例为 72.0%，不打算长期居住的比例达 28.0%。见附表 2.49。

附表 2.49   省内跨市农业转移人口收入水平与居住意愿

收入水平		是否打算在本地长期居住		合　计
		是	否	
2000 元及以下	观察值（人）	170	206	376
	占比（%）	45.2	54.8	100.0
2001～4000 元	观察值（人）	844	705	1549
	占比（%）	54.5	45.5	100.0
4001～6000 元	观察值（人）	1096	660	1756
	占比（%）	62.4	37.6	100.0
6001～9999 元	观察值（人）	612	315	927
	占比（%）	66.0	34.0	100.0
1 万元及以上	观察值（人）	337	131	468
	占比（%）	72.0	28.0	100.0
合　计	观察值（人）	3059	2017	5076
	占比（%）	60.3	39.7	100.0

2000 元及以下的农业转移人口愿意把户口迁入流入地的比例为 47.6%，不愿意的比例为 52.4%；4001～6000 元农业转移人口意愿迁入户籍的比例为 50.4%，不愿意的比例仅为 49.6%；1 万元及以上农业转移人口农业专业人口愿意把户籍迁入流入地的比例为 55.6%，不愿意的比例为 44.4%。见附表 2.50。

2000 元及以下的农业转移人口打算回户籍地乡镇村、县镇建房购房的比例为 31.1% 和 13.8%，打算在户籍地地级市或省会城

附表 2.50　　　省内跨市农业转移人口收入水平与迁户意愿

收入水平		是否愿意把户口迁入本地		合　计
		是	否	
2000 元及以下	观察值（人）	179	197	376
	占比（%）	47.6	52.4	100.0
2001～4000 元	观察值（人）	780	769	1549
	占比（%）	50.4	49.6	100.0
4001～6000 元	观察值（人）	997	759	1756
	占比（%）	56.8	43.2	100.0
6001～9999 元	观察值（人）	526	401	927
	占比（%）	56.7	43.3	100.0
1 万元及以上	观察值（人）	260	208	468
	占比（%）	55.6	44.4	100.0
合　计	观察值（人）	2742	2334	5076
	占比（%）	54.0	46.0	100.0

市购房的比例仅为 1.9% 和 1.3%；而打算在流入地购房的比例为 17.0%。4001～6000 元农业转移人口打算回户籍地乡镇村、县镇建房购房的比例为 30.1% 和 14.8%，打算在户籍地地级市或省会城市购房的比例仅为 1.2% 和 0.3%；而打算在流入地购房的比例为 32.7%。1 万元及以上农业转移人口打算回户籍地乡镇村、县镇建房购房的比例为 18.2% 和 9.4%，打算在户籍地地级市或省会城市购房的比例仅为 1.3% 和 1.1%；而打算在流入地购房的比例为 49.2%。见附表 2.51。

2000 元及以下的农业转移人口打算回户籍地乡镇村、县镇养老的比例为 36.4% 和 12.5%，打算在户籍地地级市或省会城市养老的比例仅为 2.1% 和 1.6%；而打算在流入地养老的比例为 12.2%。4001～6000 元农业转移人口打算回户籍地乡镇村、县镇

附表 2.51　　省内跨市农业转移人口收入水平与购房建房意愿

收入水平		未来打算在哪里购房、建房							合计
		户籍地乡镇村	户籍地县镇	户籍地地级市	户籍地省会城市	本地	没有打算	其他	
2000 元及以下	观察值（人）	117	52	7	5	64	129	2	376
	占比（%）	31.1	13.8	1.9	1.3	17.0	34.3	0.5	100.0
2001~4000 元	观察值（人）	480	244	23	7	389	392	14	1549
	占比（%）	31.0	15.8	1.5	0.5	25.1	25.3	0.9	100.0
4001~6000 元	观察值（人）	529	260	21	5	575	345	21	1756
	占比（%）	30.1	14.8	1.2	0.3	32.7	19.7	1.2	100.0
6001~9999 元	观察值（人）	255	110	15	3	357	172	15	927
	占比（%）	27.5	11.9	1.6	0.3	38.5	18.6	1.6	100.0
1 万元及以上	观察值（人）	85	44	6	5	230	84	14	468
	占比（%）	18.2	9.4	1.3	1.1	49.2	18.0	3.0	100.0
合　计	观察值（人）	1466	710	72	25	1615	1122	66	5076
	占比（%）	28.9	14.0	1.4	0.5	31.8	22.1	1.3	100.0

养老的比例为 44.1% 和 12.2%，打算在户籍地地级市或省会城市养老的比例仅为 1.9% 和 0.3%；而打算在流入地养老的比例为 20.5%。1 万元及以上农业转移人口打算回户籍地乡镇村、县镇建房养老的比例为 30.3% 和 8.8%，打算在户籍地地级市或省会城市养老的比例仅为 1.7% 和 0.9%；而打算在流入地养老的比例为 34.8%。见附表 2.52。

（七）社会保障

没有医疗保险的省内跨市农业转移人口打算回户籍地乡镇村发展的比例较高，而有医疗保险的省内跨市农业转移人口愿意回户籍地县镇的比例更高。

附表 2.52　　　　　省内跨市农业转移人口收入水平与养老意愿

收入水平		未来打算在哪里养老							合计
		户籍地乡镇村	户籍地县镇	户籍地地级市	户籍地省会城市	本地	没有打算	其他	
2000 元及以下	观察值（人）	137	47	8	6	46	132	0	376
	占比（%）	36.4	12.5	2.1	1.6	12.2	35.1	0.0	100.0
2001~4000 元	观察值（人）	657	203	28	4	260	396	1	1549
	占比（%）	42.4	13.1	1.8	0.3	16.8	25.6	0.1	100.0
4001~6000 元	观察值（人）	775	215	33	5	360	367	1	1756
	占比（%）	44.1	12.2	1.9	0.3	20.5	20.9	0.1	100.0
6001~9999 元	观察值（人）	365	111	19	4	228	195	5	927
	占比（%）	39.4	12.0	2.1	0.4	24.6	21.0	0.5	100.0
1 万元及以上	观察值（人）	142	41	8	4	163	109	1	468
	占比（%）	30.3	8.8	1.7	0.9	34.8	23.3	0.2	100.0
合　计	观察值（人）	2076	617	96	23	1057	1199	8	5076
	占比（%）	40.9	12.2	1.9	0.5	20.8	23.6	0.2	100.0

　　没有医疗保险的农业转移人口打算在流入地长期居住的比例为 59.0%，不打算在流入地长期居住的比例为 41.0%；有医疗保险的农业转移人口打算在流入地长期居住的比例为 67.5%，不打算长期居住的比例为 32.5%。见附表 2.53。

附表 2.53　　　　省内跨市农业转移人口医疗保险与居住意愿

医疗保险		是否打算在本地长期居住		合　计
		是	否	
无	观察值（人）	2538	1764	4302
	占比（%）	59.0	41.0	100.0
有	观察值（人）	551	265	816
	占比（%）	67.5	32.5	100.0
合　计	观察值（人）	3089	2029	5118
	占比（%）	60.4	39.6	100.0

没有医疗保险的农业转移人口愿意把户口迁入流入地的比例为 52.3%，不愿意的比例为 47.7%；有医疗保险的农业转移人口意愿迁入户籍的比例最高，为 62.9%，不愿意的比例仅为 37.1%。见附表 2.54。

附表 2.54　　　　省内跨市农业转移人口医疗保险与迁户意愿

医疗保险		是否愿意把户口迁入本地		合　计
		是	否	
无	观察值（人）	2250	2052	4302
	占比（%）	52.3	47.7	100.0
有	观察值（人）	513	303	816
	占比（%）	62.9	37.1	100.0
合　计	观察值（人）	2763	2355	5118
	占比（%）	54.0	46.0	100.0

没有医疗保险的农业转移人口打算回户籍地乡镇村、县镇建房购房的比例为 30.7% 和 13.0%，打算在户籍地地级市或省会城市购房的比例仅为 1.4% 和 0.5%；而打算在流入地购房的比例为 29.6%。

有医疗保险的农业转移人口打算回户籍地乡镇村、县镇建房购房的比例为 18.8% 和 19.0%，打算在户籍地地级市或省会城市购房的比例仅为 1.6% 和 0.6%；而打算在流入地购房的比例为 43.0%。见附表 2.55。

没有医疗保险的农业转移人口打算回户籍地乡镇村、县镇养老的比例为 42.5% 和 11.4%，打算在户籍地地级市或省会城市养老的比例仅为 2.0% 和 0.4%；而打算在流入地养老的比例为 18.8%。

附表 2.55　　省内跨市农业转移人口医疗保险与购房建房意愿

医疗保险		未来打算在哪里购房、建房							合计
		户籍地乡镇村	户籍地县镇	户籍地地级市	户籍地省会城市	本地	没有打算	其他	
无	观察值（人）	1322	559	60	20	1274	1018	49	4302
	占比（%）	30.7	13.0	1.4	0.5	29.6	23.7	1.1	100.0
有	观察值（人）	153	155	13	5	351	121	18	816
	占比（%）	18.8	19.0	1.6	0.6	43.0	14.8	2.2	100.0
合　计	观察值（人）	1475	714	73	25	1625	1139	67	5118
	占比（%）	28.8	14.0	1.4	0.5	31.8	22.3	1.3	100.0

有医疗保险的农业转移人口打算回户籍地乡镇村、县镇养老的比例为 31.9% 和 15.8%，打算在户籍地地级市或省会城市养老的比例仅为 1.1% 和 0.6%；而打算在流入地养老的比例为 31.3%。见附表 2.56。

附表 2.56　　省内跨市农业转移人口医疗保险与养老意愿

医疗保险		未来打算在哪里养老							合计
		户籍地乡镇村	户籍地县镇	户籍地地级市	户籍地省会城市	本地	没有打算	其他	
无	观察值（人）	1828	492	87	19	809	1064	3	4302
	占比（%）	42.5	11.4	2.0	0.4	18.8	24.7	0.1	100.0
有	观察值（人）	260	129	9	5	255	153	5	816
	占比（%）	31.9	15.8	1.1	0.6	31.3	18.8	0.6	100.0
合　计	观察值（人）	2088	621	96	24	1064	1217	8	5118
	占比（%）	40.8	12.1	1.9	0.5	20.8	23.8	0.2	100.0

三、市内跨县人口发展意愿的影响因素分析

（一）年龄因素

年龄越大，市内跨县人口回户籍县区发展的意愿越强；年龄越小，在流入县区发展的比例越高。但很多"90后"农业转移人口购房建房意愿和养老意愿还未定型。

第一代农业转移人口打算在流入地长期居住的比例为47.3%，不打算在流入地长期居住的比例为52.7%；"80后"农业转移人口打算在流入地长期居住的比例为51.8%，不打算长期居住的比例为48.2%；"90后"农业转移人口打算在流入地长期居住的比例仅为53.8%，不打算长期居住的比例达46.2%。见附表2.57。

附表2.57　　　市内跨县农业转移人口年龄差异与居住意愿

年龄差异		是否打算在本地长期居住		合　计
		是	否	
第一代	观察值（人）	275	306	581
	占比（%）	47.3	52.7	100.0
"80后"	观察值（人）	285	265	550
	占比（%）	51.8	48.2	100.0
"90后"	观察值（人）	107	92	199
	占比（%）	53.8	46.2	100.0
合　计	观察值（人）	667	663	1330
	占比（%）	50.2	49.9	100.0

第一代农业转移人口愿意把户口迁入流入地的比例为47.3%，

不愿意的比例为52.7%；"80后"农业转移人口意愿迁入户籍的比例最高，为51.8%，不愿意的比例仅为48.2%；"90后"农业转移人口愿意把户籍迁入流入地的比例最低，仅为53.8%，不愿意的比例最高，为46.2%。见附表2.58。

附表2.58　　　　市内跨县农业转移人口年龄差异与迁户意愿

年龄差异		是否愿意把户口迁入本地		合　计
		是	否	
第一代	观察值（人）	275	306	581
	占比（%）	47.3	52.7	100.0
"80后"	观察值（人）	285	265	550
	占比（%）	51.8	48.2	100.0
"90后"	观察值（人）	107	92	199
	占比（%）	53.8	46.2	100.0
合　计	观察值（人）	667	663	1330
	占比（%）	50.2	49.9	100.0

第一代农业转移人口打算回户籍地乡镇村、县镇建房购房的比例为36.8%和9.6%，打算在户籍地地级市或省会城市购房的比例仅为1.6%和0.3%；而打算在流入地购房的比例为30.5%。"80后"农业转移人口打算回户籍地乡镇村、县镇建房购房的比例为31.6%和12.0%，打算在户籍地地级市或省会城市购房的比例仅为2.6%和0.2%；而打算在流入地购房的比例为31.8%。"90后"农业转移人口打算回户籍地乡镇村、县镇建房购房的比例为21.6%和12.6%，打算在户籍地地级市或省会城市购房的比例仅为1.5%和1.0%；而打算在流入地购房的比例为22.6%。见附表2.59。

附表2.59　　　市内跨县农业转移人口年龄差异与购房建房意愿

年龄差异		未来打算在哪里购房、建房							合计
		户籍地乡镇村	户籍地县镇	户籍地地级市	户籍地省会城市	本地	没有打算	其他	
第一代	观察值（人）	214	56	9	2	177	117	6	581
	占比（%）	36.8	9.6	1.6	0.3	30.5	20.1	1.0	100.0
"80后"	观察值（人）	174	66	14	1	175	119	1	550
	占比（%）	31.6	12.0	2.6	0.2	31.8	21.6	0.2	100.0
"90后"	观察值（人）	43	25	3	2	45	81	0	199
	占比（%）	21.6	12.6	1.5	1.0	22.6	40.7	0.0	100.0
合　计	观察值（人）	431	147	26	5	397	317	7	1330
	占比（%）	32.4	11.1	2.0	0.4	29.9	23.8	0.5	100.0

第一代农业转移人口打算回户籍地乡镇村、县镇养老的比例为47.0%和11.0%，打算在户籍地地级市或省会城市养老的比例仅为2.1%和0.2%；而打算在流入地养老的比例为19.6%。"80后"农业转移人口打算回户籍地乡镇村、县镇养老的比例为40.6%和10.4%，打算在户籍地地级市养老的比例仅为2.9%；而打算在流入地养老的比例为20.0%。"90后"农业转移人口打算回户籍地乡镇村、县镇养老的比例为23.6%和10.1%，打算在户籍地地级市养老的比例仅为2.5%；而打算在流入地养老的比例为16.6%。见附表2.60。

（二）教育因素

市内跨县农业转移人口中，教育程度越高，在流入区县市民化的意愿越强；教育程度越低，在户籍区县市民化的意愿越强。

附表 2.60　　　市内跨县农业转移人口年龄差异与养老意愿

年龄差异		未来打算在哪里养老							合计
		户籍地乡镇村	户籍地县镇	户籍地地级市	户籍地省会城市	本地	没有打算	其他	
第一代	观察值（人）	273	64	12	1	114	115	2	581
	占比（%）	47.0	11.0	2.1	0.2	19.6	19.8	0.3	100.0
"80后"	观察值（人）	223	57	16	0	110	144	0	550
	占比（%）	40.6	10.4	2.9	0.0	20.0	26.2	0.0	100.0
"90后"	观察值（人）	47	20	5	0	33	94	0	199
	占比（%）	23.6	10.1	2.5	0.0	16.6	47.2	0.0	100.0
合　计	观察值（人）	543	141	33	1	257	353	2	1330
	占比（%）	40.8	10.6	2.5	0.1	19.3	26.5	0.2	100.0

小学及以下教育程度农业转移人口打算在流入地长期居住的比例为 53.4%，不打算在流入地长期居住的比例为 46.6%；初中教育程度农业转移人口打算在流入地长期居住的比例为 57.2%，不打算长期居住的比例为 42.8%；高中教育程度农业转移人口打算在流入地长期居住的比例为 59.5%，不打算长期居住的比例达 40.6%。大学专科及以上教育程度农业转移人口打算在流入地长期居住的比例为 68.4%，不打算长期居住的比例达 31.6%。见附表 2.61。

小学及以下教育程度农业转移人口愿意把户口迁入流入地的比例为 45.5%，不愿意迁移户籍的比例为 54.6%；初中教育程度农业转移人口愿意迁户的比例为 48.7%，不愿意迁户的比例为 51.3%；高中教育程度农业转移人口愿意迁户的比例为 52.2%，不打算迁移户籍的比例为 47.8%。大学专科及以上教育程度农业

附表 2.61　　市内跨县农业转移人口教育程度与居住意愿

教育程度		是否打算在本地长期居住		合　计
		是	否	
小学及以下	观察值（人）	47	41	88
	占比（%）	53.4	46.6	100.0
初　中	观察值（人）	405	303	708
	占比（%）	57.2	42.8	100.0
高中/中专	观察值（人）	261	178	439
	占比（%）	59.5	40.6	100.0
大学专科及以上	观察值（人）	65	30	95
	占比（%）	68.4	31.6	100.0
合　计	观察值（人）	778	552	1330
	占比（%）	58.5	41.5	100.0

转移人口愿意迁户的比例为 55.8%，不打算迁移户籍的比例为 44.2%。见附表 2.62。

附表 2.62　　市内跨县农业转移人口教育程度与迁户意愿

教育程度		是否愿意把户口迁入本地		合　计
		是	否	
小学及以下	观察值（人）	40	48	88
	占比（%）	45.5	54.6	100.0
初　中	观察值（人）	345	363	708
	占比（%）	48.7	51.3	100.0
高中/中专	观察值（人）	229	210	439
	占比（%）	52.2	47.8	100.0
大学专科及以上	观察值（人）	53	42	95
	占比（%）	55.8	44.2	100.0
合　计	观察值（人）	667	663	1330
	占比（%）	50.2	49.9	100.0

小学及以下教育程度农业转移人口打算回户籍地乡镇村、县

镇建房购房的比例为 50.0% 和 6.8%，而打算在流入地购房的比例
为 25.0%。初中教育程度农业转移人口打算回户籍地乡镇村、县
镇建房购房的比例为 35.3% 和 10.5%，打算在户籍地地级市或省
会城市购房的比例仅为 1.6% 和 0.6%；而打算在流入地购房的比
例为 28.8%。高中教育程度农业转移人口打算回户籍地乡镇村、
县镇建房购房的比例为 27.8% 和 12.8%，打算在户籍地地级市或
省会城市购房的比例仅为 2.5% 和 0.2%；而打算在流入地购房的
比例为 30.1%。大学专科及以上教育程度农业转移人口打算回户
籍地乡镇村、县镇建房购房的比例为 15.8% 和 11.6%，打算在户
籍地地级市购房的比例仅为 4.2%；而打算在流入地购房的比例为
41.1%。见附表 2.63。

附表 2.63　　市内跨县农业转移人口教育程度与购房建房意愿

教育程度		未来打算在哪里购房、建房							合计
		户籍地乡镇村	户籍地县镇	户籍地地级市	户籍地省会城市	本地	没有打算	其他	
小学及以下	观察值（人）	44	6	0	0	22	16	0	88
	占比（%）	50.0	6.8	0.0	0.0	25.0	18.2	0.0	100.0
初　　中	观察值（人）	250	74	11	4	204	162	3	708
	占比（%）	35.3	10.5	1.6	0.6	28.8	22.9	0.4	100.0
高中/中专	观察值（人）	122	56	11	1	132	114	3	439
	占比（%）	27.8	12.8	2.5	0.2	30.1	26.0	0.7	100.0
大学专科及以上	观察值（人）	15	11	4	0	39	25	1	95
	占比（%）	15.8	11.6	4.2	0.0	41.1	26.3	1.1	100.0
合　　计	观察值（人）	431	147	26	5	397	317	7	1330
	占比（%）	32.4	11.1	2.0	0.4	29.9	23.8	0.5	100.0

　　小学及以下教育程度农业转移人口打算回户籍地乡镇村、县镇养老的比例为 55.7% 和 6.8%，打算在户籍地地级市养老的比例仅为 1.1%；而打算在流入地养老的比例为 19.3%。初中教育程度农业转移人口打算回户籍地乡镇村、县镇养老的比例为 45.5% 和 11.0%，打算在户籍地地级市或省会城市养老的比例仅为 2.0% 和 0.1%；而打算在流入地养老的比例为 17.2%。高中教育程度农业转移人口打算回户籍地乡镇村、县镇养老的比例为 34.2% 和 10.9%，打算在户籍地地级市养老的比例仅为 3.2%；而打算在流入地养老的比例为 19.6%。大学专科及以上教育程度农业转移人口打算回户籍地乡镇村、县镇建房养老的比例为 23.2% 和 9.5%，打算在户籍地地级市养老的比例仅为 4.2%；而打算在流入地养老的比例为 33.7%。见附表 2.64。

附表 2.64　　市内跨县农业转移人口教育程度与养老意愿

教育程度		未来打算在哪里养老							合计
		户籍地乡镇村	户籍地县镇	户籍地地级市	户籍地省会城市	本地	没有打算	其他	
小学及以下	观察值（人）	49	6	1	0	17	15	0	88
	占比（%）	55.7	6.8	1.1	0.0	19.3	17.1	0.0	100.0
初　中	观察值（人）	322	78	14	1	122	170	1	708
	占比（%）	45.5	11.0	2.0	0.1	17.2	24.0	0.1	100.0
高中/中专	观察值（人）	150	48	14	0	86	140	1	439
	占比（%）	34.2	10.9	3.2	0.0	19.6	31.9	0.2	100.0
大学专科及以上	观察值（人）	22	9	4	0	32	28	0	95
	占比（%）	23.2	9.5	4.2	0.0	33.7	29.5	0.0	100.0
合　计	观察值（人）	543	141	33	1	257	353	2	1330
	占比（%）	40.8	10.6	2.5	0.1	19.3	26.5	0.2	100.0

（三）流入时间

流入时间越长，在流入区县发展意愿越强；而流入时间越短，在流入区县发展的比例越低。

1 年及以下农业转移人口打算在流入地长期居住的比例为 48.5%，不打算在流入地长期居住的比例为 51.5%；3 ~ 5 年农业转移人口打算在流入地长期居住的比例为 64.5%，不打算长期居住的比例为 35.6%；10 年以上农业转移人口打算在流入地长期居住的比例为 71.0%，不打算长期居住的比例达 29.0%。见附表 2.65。

附表 2.65　　市内跨县农业转移人口流入时间与居住意愿

流入时间		是否打算在本地长期居住		合　计
		是	否	
1 年及以下	观察值（人）	164	174	338
	占比（%）	48.5	51.5	100.0
1 ~ 3 年	观察值（人）	257	227	484
	占比（%）	53.1	46.9	100.0
3 ~ 5 年	观察值（人）	136	75	211
	占比（%）	64.5	35.6	100.0
5 ~ 10 年	观察值（人）	150	47	197
	占比（%）	76.1	23.9	100.0
10 年以上	观察值（人）	71	29	100
	占比（%）	71.0	29.0	100.0
合　计	观察值（人）	778	552	1330
	占比（%）	58.5	41.5	100.0

1 年及以下农业转移人口愿意把户籍迁入流入地的比例为 44.7%，不愿意迁移户籍的比例为 55.3%；3 ~ 5 年农业转移人口

愿意把户籍迁入流入地的比例为48.8%，不愿意迁移户籍的比例为51.2%；10年以上农业转移人口愿意把户籍迁入流入地的比例为52.0%，不愿意迁移户籍的比例达48.0%。见附表2.66。

附表2.66　　市内跨县农业转移人口流入时间与迁户意愿

流入时间		是否愿意把户口迁入本地		合　计
		是	否	
1年及以下	观察值（人）	151	187	338
	占比（%）	44.7	55.3	100.0
1~3年	观察值（人）	242	242	484
	占比（%）	50.0	50.0	100.0
3~5年	观察值（人）	103	108	211
	占比（%）	48.8	51.2	100.0
5~10年	观察值（人）	119	78	197
	占比（%）	60.4	39.6	100.0
10年以上	观察值（人）	52	48	100
	占比（%）	52.0	48.0	100.0
合　计	观察值（人）	667	663	1330
	占比（%）	50.2	49.9	100.0

1年及以下农业转移人口打算回户籍地乡镇村、县镇建房购房的比例为36.4%和12.1%，打算在户籍地地级市或省会城市购房的比例仅为3.0%和0.9%；而打算在流入地购房的比例为23.1%。3~5年农业转移人口打算回户籍地乡镇村、县镇建房购房的比例为36.5%和8.1%，打算在户籍地地级市或省会城市购房的比例仅为1.4%和0.5%；而打算在流入地购房的比例为36.0%。10年以上农业转移人口打算回户籍地乡镇村、县镇建房购房的比例为27.0%和7.0%，打算在户籍地地级市购房的比例仅为1.0%；而

打算在流入地购房的比例为43.0%。见附表2.67。

附表 2.67　　市内跨县农业转移人口流入时间与购房建房意愿

流入时间		未来打算在哪里购房、建房							合计
		户籍地乡镇村	户籍地县镇	户籍地地级市	户籍地省会城市	本地	没有打算	其他	
1 年及以下	观察值（人）	123	41	10	3	78	83	0	338
	占比（%）	36.4	12.1	3.0	0.9	23.1	24.6	0.0	100.0
1~3 年	观察值（人）	157	55	6	1	125	139	1	484
	占比（%）	32.4	11.4	1.2	0.2	25.8	28.7	0.2	100.0
3~5 年	观察值（人）	77	17	3	1	76	37	0	211
	占比（%）	36.5	8.1	1.4	0.5	36.0	17.5	0.0	100.0
5~10 年	观察值（人）	47	27	6	0	75	37	5	197
	占比（%）	23.9	13.7	3.1	0.0	38.1	18.8	2.5	100.0
10 年以上	观察值（人）	27	7	1	0	43	21	1	100
	占比（%）	27.0	7.0	1.0	0.0	43.0	21.0	1.0	100.0
合　计	观察值（人）	431	147	26	5	397	317	7	1330
	占比（%）	32.4	11.1	2.0	0.4	29.9	23.8	0.5	100.0

　　1 年及以下农业转移人口打算回户籍地乡镇村、县镇养老的比例为41.7%和12.1%，打算在户籍地地级市养老的比例仅为3.6%；而打算在流入地养老的比例为14.5%。3~5 年农业转移人口打算回户籍地乡镇村、县镇养老的比例为40.8%和11.9%，打算在户籍地地级市养老的比例仅为1.0%；而打算在流入地养老的比例为20.9%。10 年以上农业转移人口打算回户籍地乡镇村、县镇养老的比例为52.0%和6.0%；而打算在流入地养老的比例为24.0%。见附表2.68。

附表 2.68　　　　市内跨县农业转移人口流入时间与养老意愿

流入时间		未来打算在哪里养老							合计
		户籍地乡镇村	户籍地县镇	户籍地地级市	户籍地省会城市	本地	没有打算	其他	
1 年及以下	观察值（人）	141	41	12	0	49	95	0	338
	占比（%）	41.7	12.1	3.6	0.0	14.5	28.1	0.0	100.0
1~3 年	观察值（人）	197	44	12	1	76	154	0	484
	占比（%）	40.7	9.1	2.5	0.2	15.7	31.8	0.0	100.0
3~5 年	观察值（人）	86	25	2	0	44	54	0	211
	占比（%）	40.8	11.9	1.0	0.0	20.9	25.6	0.0	100.0
5~10 年	观察值（人）	67	25	7	0	64	32	2	197
	占比（%）	34.0	12.7	3.6	0.0	32.5	16.2	1.0	100.0
10 年以上	观察值（人）	52	6	0	0	24	18	0	100
	占比（%）	52.0	6.0	0.0	0.0	24.0	18.0	0.0	100.0
合　计	观察值（人）	543	141	33	1	257	353	2	1330
	占比（%）	40.8	10.6	2.5	0.1	19.3	26.5	0.2	100.0

（四）职业因素

市内跨县的农业转移人口中，商业、服务业人员在流入区县发展的意愿较强，而生产、运输、建筑等人员回户籍区县发展的意愿相对较强。

商业、服务业人员打算在流入地长期居住的比例达 58.6%，不打算在流入地长期居住的比例为 41.4%；而生产、运输、建筑等人员打算在流入地长期居住的比例达 50.3%，不打算在流入地长期居住的比例为 49.8%。见附表 2.69。

专业技术人员愿意把户口迁入流入地的比例为 62.5%，没有迁户意愿的比例为 37.5%；商业、服务业人员愿意把户口迁入流

附表2.69　　　市内跨县农业转移人口职业类型与居住意愿

职业类型		是否打算在本地长期居住		合　计
		是	否	
国家机关、党群组织、企事业单位负责人	观察值（人）	1	5	6
	占比（%）	16.7	83.3	100.0
专业技术人员	观察值（人）	32	16	48
	占比（%）	66.7	33.3	100.0
公务员、办事人员和有关人员	观察值（人）	11	3	14
	占比（%）	78.6	21.4	100.0
经商、商贩、餐饮、家政、保洁、保安、装修、其他商业、服务业人员	观察值（人）	506	357	863
	占比（%）	58.6	41.4	100.0
农、林、牧、渔、水利业生产人员	观察值（人）	6	2	8
	占比（%）	75.0	25.0	100.0
生产、运输、建筑、其他生产运输设备操作人员及有关人员	观察值（人）	100	99	199
	占比（%）	50.3	49.8	100.0
无固定工作	观察值（人）	22	16	38
	占比（%）	57.9	42.1	100.0
其　他	观察值（人）	10	4	14
	占比（%）	71.4	28.6	100.0
合　计	观察值（人）	688	502	1190
	占比（%）	57.8	42.2	100.0

入地的比例为48.2%，没有迁户意愿的比例为51.8%；而生产、运输、建筑等人员愿意把户口迁入流入地的比例为47.7%，没有迁户意愿的比例为52.3%。见附表2.70。

专业技术人员打算回户籍地乡镇村、县镇建房购房的比例为31.3%和8.3%，打算在户籍地地级市购房的比例仅为4.2%；而打算在流入地购房的比例为39.6%。商业、服务业人员打算回户

附表 2.70　　市内跨县农业转移人口职业类型与迁户意愿

| 职业类型 | | 是否愿意把户口迁入本地 | | 合　计 |
		是	否	
国家机关、党群组织、企事业单位负责人	观察值（人）	3	3	6
	占比（%）	50.0	50.0	100.0
专业技术人员	观察值（人）	30	18	48
	占比（%）	62.5	37.5	100.0
公务员、办事人员和有关人员	观察值（人）	7	7	14
	占比（%）	50.0	50.0	100.0
经商、商贩、餐饮、家政、保洁、保安、装修、其他商业、服务业人员	观察值（人）	416	447	863
	占比（%）	48.2	51.8	100.0
农、林、牧、渔、水利业生产人员	观察值（人）	3	5	8
	占比（%）	37.5	62.5	100.0
生产、运输、建筑、其他生产运输设备操作人员及有关人员	观察值（人）	95	104	199
	占比（%）	47.7	52.3	100.0
无固定工作	观察值（人）	21	17	38
	占比（%）	55.3	44.7	100.0
其　他	观察值（人）	8	6	14
	占比（%）	57.1	42.9	100.0
合　计	观察值（人）	583	607	1190
	占比（%）	49.0	51.0	100.0

籍地乡镇村、县镇建房购房的比例为 31.2% 和 10.9%，打算在户籍地地级市或省会城市购房的比例仅为 1.7% 和 0.5%；而打算在流入地购房的比例为 30.6%。生产、运输、建筑等人员打算回户籍地乡镇村、县镇建房购房的比例为 38.2% 和 11.1%，打算在户籍地地级市或省会城市购房的比例仅为 4.5% 和 0.5%；而打算在流入地购房的比例为 21.6%。见附表 2.71。

附表 2.71　市内跨县农业转移人口职业类型与购房建房意愿

职业类型		未来打算在哪里购房、建房							合计
		户籍地乡镇村	户籍地县镇	户籍地地级市	户籍地省会城市	本地	没有打算	其他	
国家机关、党群组织、企事业单位负责人	观察值（人）	6	0	0	0	0	0	0	6
	占比（%）	100.0	0.0	0.0	0.0	0.0	0.0	0.0	100.0
专业技术人员	观察值（人）	15	4	2	0	19	8	0	48
	占比（%）	31.3	8.3	4.2	0.0	39.6	16.7	0.0	100.0
公务员、办事人员和有关人员	观察值（人）	0	4	0	0	7	3	0	14
	占比（%）	0.0	28.6	0.0	0.0	50.0	21.4	0.0	100.0
经商、商贩、餐饮、家政、保洁、保安、装修、其他商业、服务业人员	观察值（人）	269	94	15	4	264	213	4	863
	占比（%）	31.2	10.9	1.7	0.5	30.6	24.7	0.5	100.0
农、林、牧、渔、水利业生产人员	观察值（人）	0	1	0	0	5	2	0	8
	占比（%）	0.0	12.5	0.0	0.0	62.5	25.0	0.0	100.0
生产、运输、建筑、其他生产运输设备操作人员及有关人员	观察值（人）	76	22	9	1	43	46	2	199
	占比（%）	38.2	11.1	4.5	0.5	21.6	23.1	1.0	100.0
无固定工作	观察值（人）	16	3	0	0	8	11	0	38
	占比（%）	42.1	7.9	0.0	0.0	21.1	29.0	0.0	100.0

续表

职业类型		未来打算在哪里购房、建房							合计
		户籍地乡镇村	户籍地县镇	户籍地地级市	户籍地省会城市	本地	没有打算	其他	
其 他	观察值（人）	6	0	0	0	4	3	1	14
	占比（%）	42.9	0.0	0.0	0.0	28.6	21.4	7.1	100.0
合 计	观察值（人）	388	128	26	5	350	286	7	1190
	占比（%）	32.6	10.8	2.2	0.4	29.4	24.0	0.6	100.0

专业技术人员打算回户籍地乡镇村、县镇建房购房的比例为27.1%和8.3%，打算在户籍地地级市购房的比例仅为8.3%；而打算在流入地购房的比例为31.3%。商业、服务业人员打算回户籍地乡镇村、县镇建房购房的比例为40.3%和10.8%，打算在户籍地地级市或省会城市购房的比例仅为2.3%和0.1%；而打算在流入地购房的比例为19.0%。生产、运输、建筑等人员打算回户籍地乡镇村、县镇建房购房的比例为48.7%和10.1%，打算在户籍地地级市购房的比例仅为4.5%；而打算在流入地购房的比例为14.6%。见附表2.72。

（五）就业身份

市内跨县农业转移人口中，雇主迁户意愿低于雇员，但雇主在流入区县居住、购房、养老的意愿都高于雇员。雇员中没有打算的比例更高。

附表 2.72　　市内跨县农业转移人口职业类型与养老意愿

职业类型		未来打算在哪里养老							合计
		户籍地乡镇村	户籍地县镇	户籍地地级市	户籍地省会城市	本地	没有打算	其他	
国家机关、党群组织、企事业单位负责人	观察值（人）	6	0	0	0	0	0	0	6
	占比（%）	100.0	0.0	0.0	0.0	0.0	0.0	0.0	100.0
专业技术人员	观察值（人）	13	4	4	0	15	12	0	48
	占比（%）	27.1	8.3	8.3	0.0	31.3	25.0	0.0	100.0
公务员、办事人员和有关人员	观察值（人）	4	2	0	0	6	2	0	14
	占比（%）	28.6	14.3	0.0	0.0	42.9	14.3	0.0	100.0
经商、商贩、餐饮、家政、保洁、保安、装修、其他商业、服务业人员	观察值（人）	348	93	20	1	164	237	0	863
	占比（%）	40.3	10.8	2.3	0.1	19.0	27.5	0.0	100.0
农、林、牧、渔、水利业生产人员	观察值（人）	2	1	0	0	3	2	0	8
	占比（%）	25.0	12.5	0.0	0.0	37.5	25.0	0.0	100.0
生产、运输、建筑、其他生产运输设备操作人员及有关人员	观察值（人）	97	20	9	0	29	43	1	199
	占比（%）	48.7	10.1	4.5	0.0	14.6	21.6	0.5	100.0
无固定工作	观察值（人）	14	4	0	0	6	14	0	38
	占比（%）	36.8	10.5	0.0	0.0	15.8	36.8	0.0	100.0

职业类型		未来打算在哪里养老							合计
		户籍地乡镇村	户籍地县镇	户籍地地级市	户籍地省会城市	本地	没有打算	其他	
其　他	观察值（人）	5	0	0	0	3	5	1	14
	占比（%）	35.7	0.0	0.0	0.0	21.4	35.7	7.1	100.0
合　计	观察值（人）	489	124	33	1	226	315	2	1190
	占比（%）	41.1	10.4	2.8	0.1	19.0	26.5	0.2	100.0

雇员打算在流入地长期居住的比例分别为52.0%，不打算在流入地长期居住的比例为48.0%；自营劳动者打算在流入地长期居住的比例为62.8%，不打算长期居住的比例为37.2%；雇主打算在流入地长期居住的比例仅为62.6%，不打算长期居住的比例达37.4%。见附表2.73。

雇主愿意把户口迁入流入地的比例为45.5%，不愿意的比例为54.6%；雇员意愿迁入户籍的比例最高，为49.3%，不愿意的比例仅为50.7%；自营劳动者愿意把户籍迁入流入地的比例为48.4%，不愿意的比例为51.6%。见附表2.74。

雇员打算回户籍地乡镇村、县镇建房购房的比例为33.8%和10.7%，打算在户籍地地级市或省会城市购房的比例仅为2.8%和0.2%；而打算在流入地购房的比例为25.9%。雇主打算回户籍地乡镇村、县镇建房购房的比例为32.3%和15.2%，打算在户籍地

附表2.73　　　市内跨县农业转移人口就业身份与居住意愿

就业身份		是否打算在本地长期居住		合　计
		是	否	
雇　员	观察值（人）	315	291	606
	占比（％）	52.0	48.0	100.0
雇　主	观察值（人）	62	37	99
	占比（％）	62.6	37.4	100.0
自营劳动者	观察值（人）	270	160	430
	占比（％）	62.8	37.2	100.0
家庭帮工	观察值（人）	41	14	55
	占比（％）	74.6	25.5	100.0
合　计	观察值（人）	688	502	1190
	占比（％）	57.8	42.2	100.0

附表2.74　　　市内跨县农业转移人口就业身份与迁户意愿

就业身份		是否愿意把户口迁入本地		合　计
		是	否	
雇　员	观察值（人）	299	307	606
	占比（％）	49.3	50.7	100.0
雇　主	观察值（人）	45	54	99
	占比（％）	45.5	54.6	100.0
自营劳动者	观察值（人）	208	222	430
	占比（％）	48.4	51.6	100.0
家庭帮工	观察值（人）	31	24	55
	占比（％）	56.4	43.6	100.0
合　计	观察值（人）	583	607	1190
	占比（％）	49.0	51.0	100.0

地级市或省会城市购房的比例仅为1.0%；而打算在流入地购房的

比例为36.4%。自营劳动者打算回户籍地乡镇村、县镇建房购房

的比例为32.1%和10.5%，打算在户籍地地级市或省会城市购房

的比例仅为1.6%和0.9%；而打算在流入地购房的比例为30.7%。见附表2.75。

附表2.75　　市内跨县农业转移人口就业身份与购房建房意愿

就业身份		未来打算在哪里购房、建房							合计
		户籍地乡镇村	户籍地县镇	户籍地地级市	户籍地省会城市	本地	没有打算	其他	
雇　员	观察值（人）	205	65	17	1	157	159	2	606
	占比（%）	33.8	10.7	2.8	0.2	25.9	26.2	0.3	100.0
雇　主	观察值（人）	32	15	1	0	36	14	1	99
	占比（%）	32.3	15.2	1.0	0.0	36.4	14.1	1.0	100.0
自营劳动者	观察值（人）	138	45	7	4	132	100	4	430
	占比（%）	32.1	10.5	1.6	0.9	30.7	23.3	0.9	100.0
家庭帮工	观察值（人）	13	3	1	0	25	13	0	55
	占比（%）	23.6	5.5	1.8	0.0	45.5	23.6	0.0	100.0
合　计	观察值（人）	388	128	26	5	350	286	7	1190
	占比（%）	32.6	10.8	2.2	0.4	29.4	24.0	0.6	100.0

雇员打算回户籍地乡镇村、县镇养老的比例为40.4%和9.6%，打算在户籍地地级市养老的比例仅为3.5%；而打算在流入地养老的比例为18.8%。雇主打算回户籍地乡镇村、县镇养老的比例为45.5%和15.2%，打算在户籍地地级市养老的比例仅为1.0%；而打算在流入地养老的比例为24.2%。自营劳动者打算回户籍地乡镇村、县镇养老的比例为40.5%和11.2%，打算在户籍地地级市或省会城市养老的比例仅为2.1%和0.2%；而打算在流入地养老的比例为17.9%。见附表2.76。

附表 2.76　　　市内跨县农业转移人口就业身份与养老意愿

就业身份		未来打算在哪里养老							合计
		户籍地乡镇村	户籍地县镇	户籍地地级市	户籍地省会城市	本地	没有打算	其他	
雇员	观察值（人）	245	58	21	0	114	167	1	606
	占比（%）	40.4	9.6	3.5	0.0	18.8	27.6	0.2	100.0
雇主	观察值（人）	45	15	1	0	24	14	0	99
	占比（%）	45.5	15.2	1.0	0.0	24.2	14.1	0.0	100.0
自营劳动者	观察值（人）	174	48	9	1	77	120	1	430
	占比（%）	40.5	11.2	2.1	0.2	17.9	27.9	0.2	100.0
家庭帮工	观察值（人）	25	3	2	0	11	14	0	55
	占比（%）	45.5	5.5	3.6	0.0	20.0	25.5	0.0	100.0
合　计	观察值（人）	489	124	33	1	226	315	2	1190
	占比（%）	41.1	10.4	2.8	0.1	19.0	26.5	0.2	100.0

（六）收入水平

总体来看，市内跨县农业转移人口中，收入水平越高，在流入区县发展的意愿越强；收入水平越低，在流入区县发展的比例越低。但万元以上人口回户籍区县发展的比例有所回升。

2000 元及以下的农业转移人口打算在流入地长期居住的比例为 41.5%，不打算在流入地长期居住的比例为 58.6%；4001 ~ 6000 元农业转移人口打算在流入地长期居住的比例为 61.9%，不打算长期居住的比例为 38.1%；1 万元及以上农业转移人口打算在流入地长期居住的比例为 71.0%，不打算长期居住的比例达 29.0%。见附表 2.77。

附表 2.77　　　市内跨县农业转移人口收入水平与居住意愿

收入水平		是否打算在本地长期居住		合　计
		是	否	
2000 元及以下	观察值（人）	63	89	152
	占比（%）	41.5	58.6	100.0
2001～4000 元	观察值（人）	272	219	491
	占比（%）	55.4	44.6	100.0
4001～6000 元	观察值（人）	236	145	381
	占比（%）	61.9	38.1	100.0
6001～9999 元	观察值（人）	128	64	192
	占比（%）	66.7	33.3	100.0
1 万元及以上	观察值（人）	71	29	100
	占比（%）	71.0	29.0	100.0
合　计	观察值（人）	770	546	1316
	占比（%）	58.5	41.5	100.0

2000 元及以下的农业转移人口愿意把户口迁入流入地的比例为 46.7%，不愿意的比例为 53.3%；4001～6000 元农业转移人口意愿迁入户籍的比例为 52.2%，不愿意的比例仅为 47.8%；1 万元及以上农业转移人口农业专业人口愿意把户籍迁入流入地的比例为 56.0%，不愿意的比例最高，为 44.0%。见附表 2.78。

2000 元及以下的农业转移人口打算回户籍地乡镇村、县镇建房购房的比例为 30.9% 和 13.2%，打算在户籍地地级市购房的比例仅为 1.3%；而打算在流入地购房的比例为 10.5%。4001～6000 元农业转移人口打算回户籍地乡镇村、县镇建房购房的比例为 31.8% 和 6.8%，打算在户籍地地级市或省会城市购房的比例仅为 2.6% 和 0.3%；而打算在流入地购房的比例为 36.5%。1 万元及

附表 2.78　　　市内跨县农业转移人口收入水平与迁户意愿

收入水平		是否愿意把户口迁入本地		合　计
		是	否	
2000 元及以下	观察值（人）	71	81	152
	占比（%）	46.7	53.3	100.0
2001～4000 元	观察值（人）	246	245	491
	占比（%）	50.1	49.9	100.0
4001～6000 元	观察值（人）	199	182	381
	占比（%）	52.2	47.8	100.0
6001～9999 元	观察值（人）	89	103	192
	占比（%）	46.4	53.7	100.0
1 万元及以上	观察值（人）	56	44	100
	占比（%）	56.0	44.0	100.0
合　计	观察值（人）	661	655	1316
	占比（%）	50.2	49.8	100.0

以上农业转移人口打算回户籍地乡镇村、县镇建房购房的比例为
35.0%和11.0%，打算在户籍地地级市或省会城市购房的比例仅
为1.0%；而打算在流入地购房的比例为36.0%。见附表2.79。

附表 2.79　　　市内跨县农业转移人口收入水平与购房建房意愿

收入水平		未来打算在哪里购房、建房							合计
		户籍地乡镇村	户籍地县镇	户籍地地级市	户籍地省会城市	本地	没有打算	其他	
2000 元及以下	观察值（人）	47	20	2	0	16	66	1	152
	占比（%）	30.9	13.2	1.3	0.0	10.5	43.4	0.7	100.0
2001～4000 元	观察值（人）	171	71	11	2	119	115	2	491
	占比（%）	34.8	14.5	2.2	0.4	24.2	23.4	0.4	100.0
4001～6000 元	观察值（人）	121	26	10	1	139	83	1	381
	占比（%）	31.8	6.8	2.6	0.3	36.5	21.8	0.3	100.0

收入水平		未来打算在哪里购房、建房							合计
		户籍地乡镇村	户籍地县镇	户籍地地级市	户籍地省会城市	本地	没有打算	其他	
6001~9999元	观察值（人）	52	19	2	2	82	34	1	192
	占比（%）	27.1	9.9	1.0	1.0	42.7	17.7	0.5	100.0
1万元及以上	观察值（人）	35	11	1	0	36	16	1	100
	占比（%）	35.0	11.0	1.0	0.0	36.0	16.0	1.0	100.0
合 计	观察值（人）	426	147	26	5	392	314	6	1316
	占比（%）	32.4	11.2	2.0	0.4	29.8	23.9	0.5	100.0

2000元及以下的农业转移人口打算回户籍地乡镇村、县镇养老的比例为34.2%和13.2%，打算在户籍地地级市养老的比例仅为1.3%；而打算在流入地养老的比例为7.9%。4001~6000元农业转移人口打算回户籍地乡镇村、县镇养老的比例为42.3%和7.6%，打算在户籍地地级市养老的比例仅为3.2%；而打算在流入地养老的比例为22.8%。1万元及以上农业转移人口打算回户籍地乡镇村、县镇建房养老的比例为39.0%和10.0%，打算在户籍地地级市养老的比例仅为2.0%；而打算在流入地养老的比例为21.0%。见附表2.80。

附表2.80　　市内跨县农业转移人口收入水平与养老意愿

收入水平		未来打算在哪里养老							合计
		户籍地乡镇村	户籍地县镇	户籍地地级市	户籍地省会城市	本地	没有打算	其他	
2000元及以下	观察值（人）	52	20	2	0	12	66	0	152
	占比（%）	34.2	13.2	1.3	0.0	7.9	43.4	0.0	100.0

续表

收入水平		未来打算在哪里养老							合计
		户籍地乡镇村	户籍地县镇	户籍地地级市	户籍地省会城市	本地	没有打算	其他	
2001~4000 元	观察值（人）	218	60	11	1	87	113	1	491
	占比（%）	44.4	12.2	2.2	0.2	17.7	23.0	0.2	100.0
4001~6000 元	观察值（人）	161	29	12	0	87	92	0	381
	占比（%）	42.3	7.6	3.2	0.0	22.8	24.2	0.0	100.0
6001~9999 元	观察值（人）	65	22	6	0	49	50	0	192
	占比（%）	33.9	11.5	3.1	0.0	25.5	26.0	0.0	100.0
1 万元及以上	观察值（人）	39	10	2	0	21	28	0	100
	占比（%）	39.0	10.0	2.0	0.0	21.0	28.0	0.0	100.0
合　计	观察值（人）	535	141	33	1	256	349	1	1316
	占比（%）	40.7	10.7	2.5	0.1	19.5	26.5	0.1	100.0

（七）社会保障

没有医疗保险的市内跨县农业转移人口回户籍区县发展的比例更高，而有医疗保险的市内跨县农业转移人口愿意在流入区县发展的意愿更强。

没有医疗保险的农业转移人口打算在流入地长期居住的比例为 57.0%，不打算在流入地长期居住的比例为 43.0%；有医疗保险的农业转移人口打算在流入地长期居住的比例为 75.0%，不打算长期居住的比例为 25.0%。见附表 2.81。

没有医疗保险的农业转移人口愿意把户口迁入流入地的比例为 49.4%，不愿意的比例为 50.6%；有医疗保险的农业转移人口意愿迁入户籍的比例最高，为 58.0%，不愿意的比例仅为 42.0%。

见附表2.82。

附表2.81　　　市内跨县农业转移人口医疗保险与居住意愿

医疗保险		是否打算在本地长期居住		合　计
		是	否	
无	观察值（人）	694	524	1218
	占比（%）	57.0	43.0	100.0
有	观察值（人）	84	28	112
	占比（%）	75.0	25.0	100.0
合　计	观察值（人）	778	552	1330
	占比（%）	58.5	41.5	100.0

附表2.82　　　市内跨县农业转移人口医疗保险与迁户意愿

医疗保险		是否愿意把户口迁入本地		合　计
		是	否	
无	观察值（人）	602	616	1218
	占比（%）	49.4	50.6	100.0
有	观察值（人）	65	47	112
	占比（%）	58.0	42.0	100.0
合　计	观察值（人）	667	663	1330
	占比（%）	50.2	49.9	100.0

没有医疗保险的农业转移人口打算回户籍地乡镇村、县镇建房购房的比例为34.1%和10.9%，打算在户籍地地级市或省会城市购房的比例仅为1.7%和0.3%；而打算在流入地购房的比例为28.3%。有医疗保险的农业转移人口打算回户籍地乡镇村、县镇建房购房的比例为14.3%和12.5%，打算在户籍地地级市或省会城市购房的比例仅为4.5%和0.9%；而打算在流入地购房的比例为46.4%。见附表2.83。

附表2.83 市内跨县农业转移人口医疗保险与购房建房意愿

医疗保险		未来打算在哪里购房、建房							合计
		户籍地乡镇村	户籍地县镇	户籍地地级市	户籍地省会城市	本地	没有打算	其他	
无	观察值（人）	415	133	21	4	345	295	5	1218
	占比（%）	34.1	10.9	1.7	0.3	28.3	24.2	0.4	100.0
有	观察值（人）	16	14	5	1	52	22	2	112
	占比（%）	14.3	12.5	4.5	0.9	46.4	19.6	1.8	100.0
合 计	观察值（人）	431	147	26	5	397	317	7	1330
	占比（%）	32.4	11.1	2.0	0.4	29.9	23.8	0.5	100.0

没有医疗保险的农业转移人口打算回户籍地乡镇村、县镇养老的比例为42.0%和10.6%，打算在户籍地地级市或省会城市养老的比例仅为2.2%和0.1%；而打算在流入地养老的比例为18.1%。有医疗保险的农业转移人口打算回户籍地乡镇村、县镇养老的比例为27.7%和10.7%，打算在户籍地地级市或省会城市养老的比例仅为5.4%；而打算在流入地养老的比例为33.0%。见附表2.84。

附表2.84 市内跨县农业转移人口医疗保险与养老意愿

医疗保险		未来打算在哪里养老							合计
		户籍地乡镇村	户籍地县镇	户籍地地级市	户籍地省会城市	本地	没有打算	其他	
无	观察值（人）	512	129	27	1	220	328	1	1218
	占比（%）	42.0	10.6	2.2	0.1	18.1	26.9	0.1	100.0
有	观察值（人）	31	12	6	0	37	25	1	112
	占比（%）	27.7	10.7	5.4	0.0	33.0	22.3	0.9	100.0
合 计	观察值（人）	543	141	33	1	257	353	2	1330
	占比（%）	40.8	10.6	2.5	0.1	19.3	26.5	0.2	100.0

农业转移人口返乡时间及返乡后流向分析

本部分根据 2014 年国家卫生和计划生育委员会组织的 6 省流出地调查数据，重点分析农业转移人口返乡后再流动情况（该项调查时间是在春节期间）。

一、返乡时间集中在 12 月和 1 月

农业转移人口的返乡时间分析可以大致分为返乡年份和返乡月份两个维度。返乡的年份和返乡月份相结合可以表示出农业转移人口的个人离家时间，返乡月份本身还能够显示出年内农业转移人口返乡的时间结构。

其中，83.92% 的受调查农业转移人口的上次返乡时间是 2 个月前。进一步对农业转移人口返乡的时间结构进行探析，发现 82.27% 的农业转移人口是在 1 月份返乡，1.65% 的农业转移人口是在 2 月份返乡，其他月份农业人口返乡的较少而且分布较均匀。12 月、1 月的返乡高峰与全国的春节运输高峰相符。

二、返乡以探亲为主因

从更深层次上来说，农业转移人口的返乡时间和其他返乡行为的选择受到其返乡动机和原因的影响。进一步根据调查数据将农业转移人口返乡原因绘制出下图，见附图3.1。

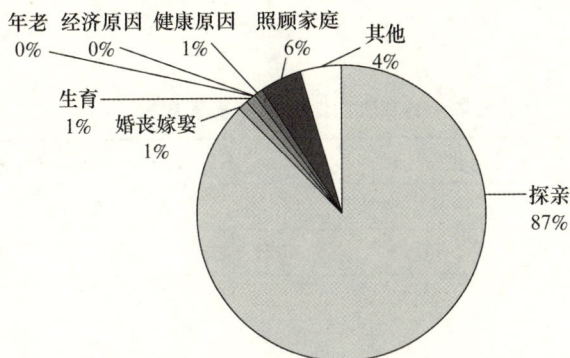

附图 **3.1**　**农业转移人口返乡原因分布图**

如附图 3.1 所示，87% 的农业转移人口的返乡主要原因是探亲，6% 的农业转移人口返乡是为了照顾家庭，婚丧嫁娶、生育和健康原因也是返乡选择中起作用的因素。综合来看，93% 的农业转移人口做出返乡选择是为了亲人和家庭，可见中国的家庭伦理观念和传统重家主义的思想在农业转移人口身上依旧有比较明显的体现。

三、九成返乡农业转移人口将继续流动

返乡后的流动选择包括是否留乡和继续外出工作两种。数据显

示返乡后 6 个月内不再发生转移的人口，占到 10.31%，而剩下 89.65% 的人依然选择在 6 个月继续外出。对不再继续外出的人口，分析他们的返乡原因是否与其他农业转移人口的区别；对继续选择流动的人口，则分析他们未来的流向是否发生改变。最后，比较了不再流动和继续流动的农业转移人口在个体特征层面上可能存在不同之处，以强化对农业转移人口的流动选择的理解。结果见附表 3.1。

附表 3.1　　　　　　　　　返乡农业转移人口流向选择及原因

	继续外出		不再外出		总　计
	频数	占比（%）	频数	占比（%）	频数
探　亲	25500	93.93	971	31.12	26471
婚丧嫁娶	119	0.44	85	2.72	204
生　育	55	0.2	101	3.24	156
年　老	7	0.03	113	3.62	120
经　济	21	0.08	78	2.5	99
健　康	50	0.18	108	3.46	158
照顾家庭	561	2.07	1151	36.89	1712
其　他	835	3.08	513	16.44	1348
总　计	27148	100	3120	100	30268

（1）农业转移人口留乡的重要原因是需要照顾家庭。返乡后不再流动的人口占所有返乡人口的 10.31%，即一成左右（附表 3.1 中不再流动人口较少是因为很多不再流动人口未填写返乡原因）。其中，由于需要照顾家庭而不再流动的人口占有最高的比例，即 36.89%，可见不再外出务工的人口主要是受到家庭的牵绊。

（2）继续流动的农业转移人口大多选择出省。其中，68% 的人会跨省流动，12%会省内跨市流动，9%会市内跨县流动，11%会县内跨镇流动。见附图3.2。

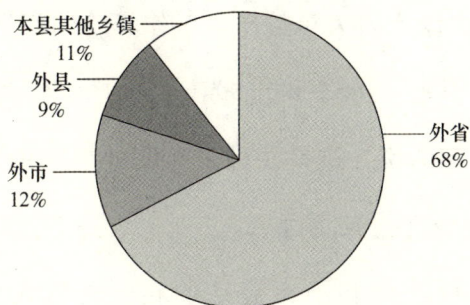

附图3.2　返乡后继续外出农业转移人口流动去向

比较来看，返乡后再次流动的人口中，选择跨市和跨县的比例降低，选择跨省的比例基本稳定，选择县内跨镇的比重有一定提高，这说明部分农业转移人口更愿意选择离家近一点的县内其他镇工作。

（3）受教育程度较低、收入水平较低的农业转移人口更愿意留乡。按照是否继续流动分组，比较两个群体在收入、年龄、教育三个基本特征间的差异。首先，将教育和年龄进行对比，绘表如附表3.2。

表3.2　　　　　　　不同流动选择农业转移人口基本信息差异

	继续流动	不再流动
教育年限（年）	8.69	7.15
年龄（岁）	31.08	33.84

附表3.2比较清晰地展示了继续流动和不再流动的农业转移人口在教育年限和年龄在平均水平上的差异。不再流动的农业转移人口其教育年限低于继续流动的人口（7.15＜8.69），而不再流动的农业转移人口的年龄也高于继续流动的人口（33.84＞31.08）。

可见，因为教育水平较低，不再外出人口本身难以获得外出打工的优势地位，因此作出了不再流动的选择。换句话说，这是一个"失意归乡"的假设。因为年龄作为工作经验的积累（年龄较大），不再外出的人口其收入水平可能较高，选择不再外出并非失意而是其他原因。换句话说，这是一种"荣归故里"的假设（"失意"和"荣归"仅就经济收入而言）。

进一步将继续流动和不再流动的农业转移人口绘制出下图，见附图3.3。

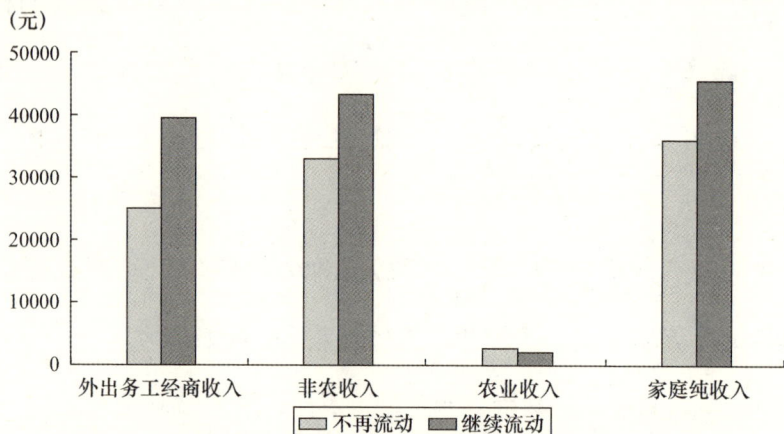

附图3.3　不同流动选择农业转移人口收入水平差异

根据附图3.3，不再流动的农业转移人口其家庭纯收入、外出务工经商收入和非农收入都低于继续流动的农业转移人口（45839 >36136，39663 >25269，43644 >33453），而不再继续流动的农业转移人口其农业收入高于继续流动的农业转移人口（2194 < 2862）。这说明，不再进行农业转移的人口，其收入整体水平较低，而且外出务工收入水平在总收入中的比例也低。

流动人口卫生计生服务流出地监测调查

家庭问卷

（2014 年）

调查对象：本村所有户籍家庭

尊敬的先生/女士：

　　您好！我们是国家卫生和计划生育委员会的调查员。为了解在城镇化推进过程中，人口外出务工、返乡、卫生计生服务、留守家庭现状和养老意愿等情况，以便向政府有关部门提供完善相关政策的依据，我们组织此次调查，需要耽误您一些时间，希望得到您的支持和协助。我们将严格遵循国家《统计法》，绝不会泄露您家的任何信息，您所提供的资料仅用于研究。对您的配合和支持我们表示衷心感谢！

地址：＿＿＿＿＿＿＿省　　　　　　　　＿＿＿＿＿＿＿县（市、区）

　　　＿＿＿＿＿＿＿乡（镇、街道）＿＿＿＿＿＿＿村委会

样本点编码□□

家庭户编码□□

调查员编码□□

调查员签名：＿＿＿＿＿＿＿　　联系电话（区号）：＿＿＿＿＿＿＿

调查完成日期：□□月□□日　审核员签名：＿＿＿＿＿＿＿

国家卫生和计划生育委员会

2014 年 1 月

101　家庭成员基本情况

ID 家庭成员编码	A 与受访者关系 1 本人 2 配偶 3 子女/媳婿 4 父母/公婆/岳父母 5 兄弟姐妹 6 孙辈 7 （外）祖父母 8 其他	B 姓名	C 性别 1 男 2 女	D 出生年月（公历）	E 婚姻状况 1 未婚 2 初婚 3 再婚 4 离婚 5 丧偶	F 文化程度 1 未上学 2 小学 3 初中 4 高中 5 中专 6 大专 7 本科 8 研究生	G 户口性质 1 农业 2 非农	H 是否有流动经历 1 有，目前临时/短期返乡探亲（跳答 K～Q） 2 有，现已返乡定居（回答 I～Q） 3 否（跳答 P～Q）
01	□		□	□□□□年□□月	□	□	□	□
02	□		□	□□□□年□□月	□	□	□	□
03	□		□	□□□□年□□月	□	□	□	□
04	□		□	□□□□年□□月	□	□	□	□
05	□		□	□□□□年□□月	□	□	□	□
06	□		□	□□□□年□□月	□	□	□	□
07	□		□	□□□□年□□月	□	□	□	□
08	□		□	□□□□年□□月	□	□	□	□
09	□		□	□□□□年□□月	□	□	□	□
10	□		□	□□□□年□□月	□	□	□	□
11			□	□□□□年□□月	□	□	□	□
12	□		□	□□□□年□□月	□	□	□	□

I 最后一次返乡时间	J 返乡原因	K 首次外出时间	L 流动范围	M 返乡前/现流入地	N 流入地级别	O 流动原因	P 目前就业状况	Q 是否参加新农合	R 未参加新农合原因
	1 年龄大了 2 孩子上学 3 健康原因（因病） 4 照顾老人 5 其他		1 跨省 2 省内跨市 3 市内跨县 4 县内跨乡	（各地代码见表下选项）	1 省会城市 2 地级市 3 县级市 4 乡镇	1 务工经商 2 随迁 3 婚嫁 4 拆迁 5 投亲 6 学习 7 陪读 8 其他	1 本地务农 2 本地自营 3 本地务工 4 外出务农 5 外出自营 6 外出务工 7 未从业 8 在学 9 学龄前	1 是 2 否	1 不知道有 2 报销不方便 3 经济原因 4 其他
□□□□年□□月	□	□□□□年□□月	□	□□	□	□	□	□	□
□□□□年□□月	□	□□□□年□□月	□	□□	□	□	□	□	□
□□□□年□□月	□	□□□□年□□月	□	□□	□	□	□	□	□
□□□□年□□月	□	□□□□年□□月	□	□□	□	□	□	□	□
□□□□年□□月	□	□□□□年□□月	□	□□	□	□	□	□	□
□□□□年□□月	□	□□□□年□□月	□	□□	□	□	□	□	□
□□□□年□□月	□	□□□□年□□月	□	□□	□	□	□	□	□
□□□□年□□月	□	□□□□年□□月	□	□□	□	□	□	□	□
□□□□年□□月	□	□□□□年□□月	□	□□	□	□	□	□	□
□□□□年□□月	□	□□□□年□□月	□	□□	□	□	□	□	□
□□□□年□□月	□	□□□□年□□月	□	□□	□	□	□	□	□
□□□□年□□月	□	□□□□年□□月	□	□□	□	□	□	□	□

S	T	U	V
是否还有外出打算	您是怎么打算的	计划什么时候外出	不想外出的原因
1 是 2 否（跳答 V）	1 去原流入地 2 换一个城市（请注明） 3 说不准	1 三个月内 2 一年内 3 两年内 4 三年内 5 说不准	1 想在家乡发展 2 外地挣钱少 3 不适应外地生活 4 家里有人需要照顾 5 身体有病 6 其他（请注明）
□	□	□	□
□	□	□	□
□	□	□	□
□	□	□	□
□	□	□	□
□	□	□	□
□	□	□	□
□	□	□	□
□	□	□	□
□	□	□	□

注：H：流出人口：离开本乡（镇、街道）6 个月以上、或离开虽不足 6 个月但在 6 个月内不打算回来的人员。返乡定居人口：离开本乡（镇、街道）6 个月以上并返回 6 个月以上的人员。

M：11 北京　12 天津　13 河北　14 山西　15 内蒙古　21 辽宁　22 吉林　23 黑龙江

31 上海　32 江苏　33 浙江　34 安徽　35 福建　36 江西　37 山东　41 河南

42 湖北　43 湖南　44 广东　45 广西　46 海南　50 重庆　51 四川　52 贵州

53 云南　54 西藏　61 陕西　62 甘肃　63 青海　64 宁夏　65 新疆　66 兵团

71 台湾　81 香港　82 澳门

102　2013 年您家总收入多少元？□□□□□元

其中102. 1　农业收入多少元？□□□□□元

102. 2　外出务工经商收入多少元？□□□□□元

103　2013 年您家有人生病住院吗？□

1 有（请注明是谁）＿＿＿＿＿　2 无

104　2013 年您家医疗费净支出多少元？□□□□□元

其中104. 1　在流入地净支出多少元？□□□□□元

104. 2　在流出地净支出多少元？□□□□□元

105　您家承包土地的现状如何？□

1 自己耕种　　2 雇人代耕　　3 部分转租　　4 全部转租

5 部分撂荒　　6 全部撂荒　　7 无承包地

106　您家宅基地占地面积是多少？

□□

再次感谢您的合作！

流动人口卫生计生服务流出地监测调查

个人问卷

（2014 年）

调查对象：本乡（镇）户口、曾经外出 6 个月及以上并返乡的男性和女性人口
以及 2005 年以后返乡不再外出的人口

（2014 年 1 月年龄为 15～59 周岁，即 1955 年 2 月至 1999 年 1 月间出生）

尊敬的先生/女士：

　　您好！我们是国家卫生和计划生育委员会的调查员。为了解在城镇
化推进过程中，人口外出务工返乡、卫生计生服务、留守家庭现状和养
老意愿等情况，以便向政府及有关部门提供完善相关政策的依据，我们
组织此次调查，需要耽误您一些时间，希望得到您的支持和协助。我们
将严格遵循国家《统计法》，绝不会泄露您的任何个人信息，您所提供
的资料仅用于研究。对您的配合和支持我们表示衷心感谢！

地址：_____省　　　　　　　　_____县（市、区）

　　　_____乡（镇、街道）　　_____村委会

样本点编码　　□□

家庭户编码　　□□□

调查员编码　　□□

调查员签名：＿＿＿＿＿＿＿　　联系电话（区号）：＿＿＿＿＿＿＿

调查完成日期：□□月□□日　审核员签名：＿＿＿＿＿＿＿

国家卫生和计划生育委员会

2014 年 1 月

家庭成员序号□□　　性别□　　出生年月□□□□年□□月

流入地编码□□

一、就业基本情况

101　**您在外的主要职业是什么？** □□

　　10 国家机关、党群组织、企事业单位负责人　　20 专业技术人员

　　30 公务员、办事人员和有关人员　　41 经商　　42 商贩　　43 餐饮

　　44 家政　　45 保洁　　46 保安　　47 装修　　48 其他商业服务业人员

　　50 农、林、牧、渔、水利业生产人员　　61 生产　　62 运输

　　63 建筑　　64 其他生产、运输设备操作人员及有关人员

　　70 无固定职业　　　　80 其他（请注明）＿＿＿＿

102　**您在外就业的单位性质属于哪一类？** □□

　　01 土地承包者　　02 机关、事业单位　　03 国有及国有控股企业　　04 集体企业

　　05 个体工商户　　06 私营企业　　07 港澳台企业　　08 日/韩企业

　　09 欧美企业　　10 中外合资企业　　11 其他（请注明）＿＿＿＿　　12 无单位

103　**您在外与工作单位签订何种劳动合同？** □

　　01 有固定期限　　02 无固定期限　　03 完成一次性工作任务　　04 试用期

　　05 未签订劳动合同　　06 不清楚　　09 不适用（无单位者）

· 195 ·

104 您在外平均月收入是多少元？

☐☐☐☐☐元

二、基本公共卫生服务

201 您是否患有医生确诊的以下慢性病？ ☐

1 高血压　2 糖尿病

202 2013 年，您接受的公共卫生服务情况如何？

服务项目	① 是否接受过该项服务	② 没接受原因	③ 提供地	④ 服务机构	⑤ 满意度
	1 是 (跳问③) 2 否	1 没必要 2 不知道 3 没时间 4 不适用 (跳问下一项服务)	1 外出居住地 2 本地 3 外出居住地和本地	1 私人诊所 2 卫生室/站 3 乡镇街道卫生院/社区卫生服务中心 4 县/市/区级医院 5 地/市级医院 6 省/市级医院 7 其他	1 非常满意 2 比较满意 3 一般 4 不太满意 5 不满意
A 是否建立了健康档案	☐	☐	☐	☐	☐
C 健康教育服务	☐	☐	☐	☐	☐
D 高血压患者健康管理服务（面对面随访）	☐	☐	☐	☐	☐
E 2 型糖尿病患者健康管理（面对面随访）	☐	☐	☐	☐	☐
F 老年人健康体检	☐	☐	☐	☐	☐

续表

G 建立《孕产妇保健手册》	☐	☐	☐	☐	☐
H 产前检查	☐	☐	☐	☐	☐
I 产后访视	☐	☐	☐	☐	☐
J 建立《预防接种卡》	☐	☐	☐	☐	☐
K 接种疫苗	☐	☐	☐	☐	☐
L 建立《0～6岁儿童保健手册》	☐	☐	☐	☐	☐
M 儿童健康体检	☐	☐	☐	☐	☐

加一个问题：请您比较流入地和流出地基本公共卫生服务提供情况？

三、基本医疗服务及保障

301 您是否有以下社会保障？

	①是否有	②没有的原因
社会保障	1 是（跳问下一项社会保障） 2 否 3 不知道（跳问下一项社会保障）	1 不知道有该保险 2 没买，因为经济原因 3 没买，因为不方便 4 没买，流入地不提供 5 没买，因为在外地耽误了 6 没买，认为没有必要或不需要 6 其他原因（请注明）_____
A 新农合	☐	☐
B 商业医保	☐	☐
C 工伤保险	☐	☐
D 农村低保	☐	☐
E 大病医保	☐	☐

302 请您说出最能代表您1年内健康状况好坏的那个分值□□□

```
├──┼──┼──┼──┼──┼──┼──┼──┼──┼──┤
0    10   20   30   40   50   60   70   80   90   100
```

最差健康状况   最好健康状况

303 您2013年是否有患病（负伤）或身体不适的情况？□

1 是，最近一次发生在两周内

2 是，最近一次发生在两周前

3 否

304 2013年您是否到医院看过病？□

1 看过   2 没看过

305 您回老家看门诊常去的医院？

（从左至右填写最常去的三个医院）□□□

1 私人诊所 2 村卫生室 3 社区卫生服务站 4 乡镇街道卫生院 5 社区卫生
服务中心 6 县/市/区级医院 7 县/市/区级中医院 8 地/市级医院 9 地/市
级中医院 10 省/市级医院 11 省/市级中医院 12 其他

306 2013年您到医院门诊看病的医疗费用是如何报销的？

（选填1-5者跳问308）□

1 在医院看病时当场减免 2 商业医疗保险公司 3 就业单位

4 新型农村合作医疗办公室 5 其他机构 6 没有报销

307 没有报销的原因□

1 没有参加保险 2 需要回老家，不方便 3 不知道报销流程

308 2013年您住院看病的医疗费用是如何报销的？

（选填1-5者跳问310）□

1 在医院看病时当场减免　2 商业医疗保险公司　3 就业单位

4 新型农村合作医疗办公室　5 其他机构　6 没有报销

309　没有报销的原因□

1 没有参加保险　2 需要回老家，不方便　3 不知道报销流程

310　您 2013 年看病和住院花费情况如何？

A 一共花了多少钱？	十	万	万	千	百	十	个
	□	□	□	□	□	□	□
其　中							
B 基本医疗保险（公费、合作医疗）支付多少钱？		□	□	□	□	□	□
C 商业医疗保险支付多少钱？		□	□	□	□	□	□
D 自己支付多少钱？		□	□	□	□	□	□
E 其他来源支付多少钱？		□	□	□	□	□	□
F 医疗救助		□	□	□	□	□	□

311　您医疗保险报销大约需要多长能拿到报销的费用？□月

再次感谢您的合作!

参考文献
References

[1] 国务院发展研究中心课题组．农民工市民化制度创新与顶层政策设计．北京：中国发展出版
社，2011

[2] 国务院发展研究中心课题组，侯云春，韩俊，蒋省三，何宇鹏，金三林．农民工市民化进程
的总体态势与战略取向．改革，2011（6）

[3] 国家卫生和计划生育委员会流动人口司．中国农业转移人口发展报告．北京：中国人口出版
社，2011 – 2014

[4] 韩俊．中国农民工战略问题研究．上海：远东出版社，2009

[5] 叶兴庆．现代化与农民进城．北京：中国言实出版社，2013

[6] 刘传江．中国农民工市民化进程研究．北京：人民出版社，2008

[7] 许峰．农民工市民化问题探讨．绿色中国，2004（20）

[8] 梅建明，熊珊．基于四个维度的农民工市民化实证研究．中南民族大学学报，2013（7）

[9] 李强．中国大陆城市农民工的职业流动．社会学研究，2002（5）